# Optische Täuschungen

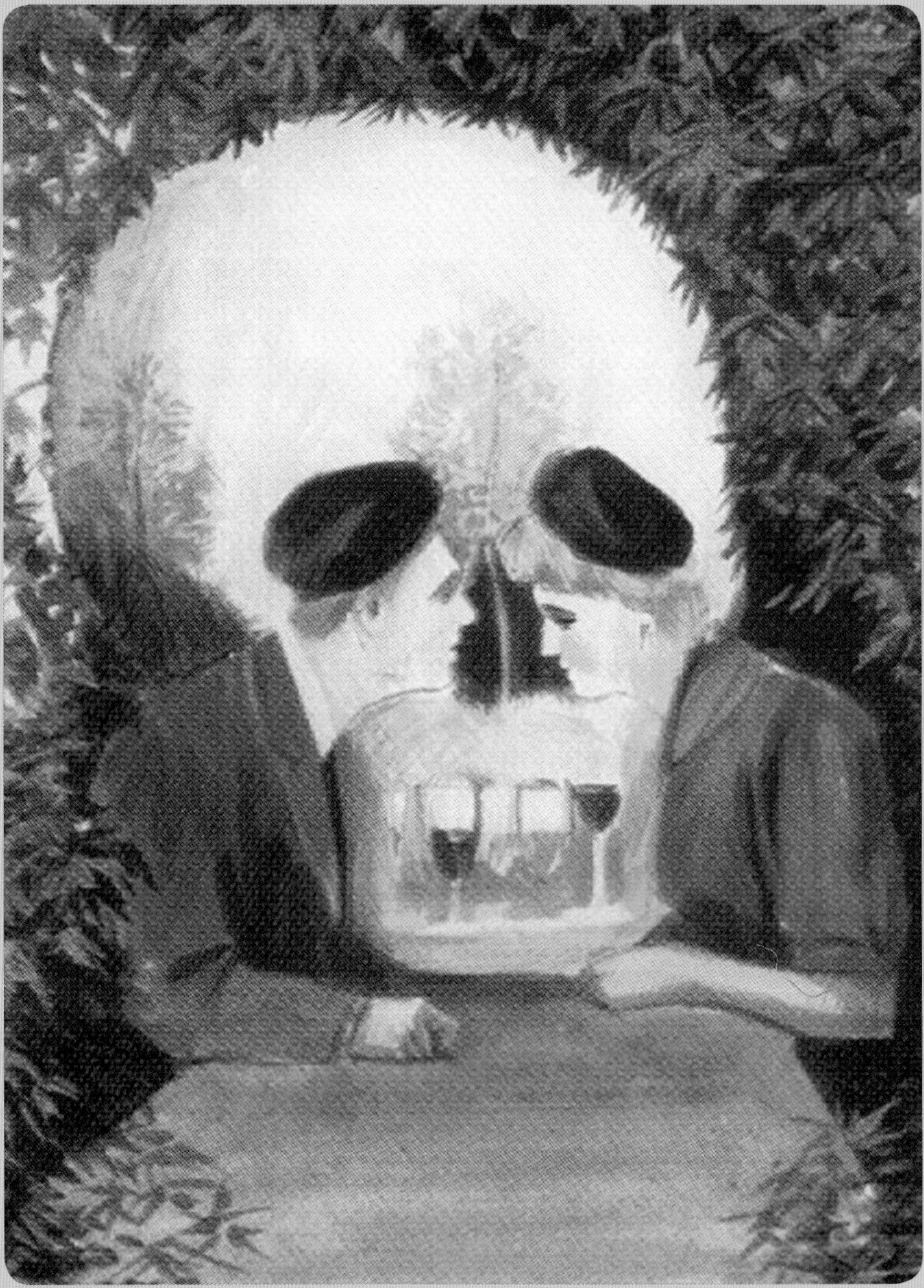

Im Hintergrund dieses allegorischen Bilds lauert ein Totenkopf, dessen Umrisse vom Grün der Laube und durch die Sitzenden angedeutet werden.

# Optische Täuschungen

Rätsel, Spiele und visuelle Illusionen

Parragon

Bath • New York • Singapore • Hong Kong • Cologne • Delhi
Melbourne • Amsterdam • Johannesburg • Auckland • Shenzhen

Abbildungsnachweis

(u = unten, o = oben)
© 2006 Adamantios: 35 o
R. Ausbourne – SandlotScience.com: 30 o, 30 u, 52 o, 52 u, 56 u,
61 o, 65 u, 67 o, 70 o, 70 u, 71 o, 72 o, 72 u, 73 o, 74 u, 76 o, 76 u, 77 u
© R. Ausbourne – SandlotScience.com: 22 o, 27 u, 48 o, 48 u, 49 o,
49 u, 78, 80 u, 90, 92 o, 93 o, 94 o
© Arthur Azevedo: 20 u, 23 o
© Arthur Azevedo – SandlotScience.com: 95 o, 95 u, 96 o, 96 u
© 2007 C.H. Brittenham: 32
© 2008 BrokenSphere: 38 o
Charles Allen Gilbert: 18
R. Beau Lotto: 63 u
Peter Newell: 46 o, 46 u, 47 o
© 2008 Julius Reque: 34 o
© 2008 C. Dale Stillman: 34 u
© 2008 Bowie Snowgrass: 39 u



Layout: Sabine Vonderstein
Text: Robert K. Ausbourne



Realisation der deutschen Ausgabe: trans texas publishing, Köln
Übersetzung: Heinrich Degen, München
Lektorat: Şebnem Yavuz, Erpel
Projektmanagement: Nazire Ergün, Köln

ISBN 978-1-4454-7791-6

Printed in China

# Inhalt

# EINLEITUNG

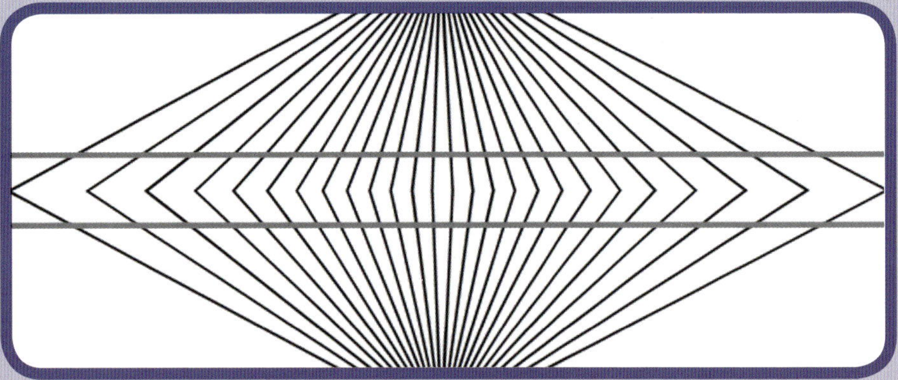

Die klassische Hering-Täuschung ist hier umgekehrt dargestellt: Die Querlinien scheinen sich nach innen zu biegen.

Optische Täuschungen werden meist als Hilfsmittel für Forschungszwecke eingesetzt. Sie haben aber auch einen hohen Unterhaltungswert, und warum sollte Wissenschaft nicht auch amüsant sein? Seit Hunderten von Jahren bedienen sich Forscher optischer Täuschungen, um die Wirkungsweise der menschlichen Wahrnehmung zu analysieren. Durch diese Untersuchungen erfahren wir mehr über die Art und Weise, wie wir sehen.

Offenbar besitzt nur der Mensch die Fähigkeit, optische Täuschungen zu schaffen und wahrzunehmen. Wir wissen nicht, warum uns diese Phänomene so faszinieren, aber dass sie uns Vergnügen bereiten, ist keine Frage. Vermutlich hat der Mensch von Anbeginn an mit optischen Täuschungen Erfahrungen gesammelt – ganz sicher aber wurde damit seit der Einführung der kannelierten Säulen durch die Griechen experimentiert. Jede von der Wissenschaft entdeckte oder erfundene optische Illusion wurde von Künstlern aufgegriffen und vielfältig variiert.

Der Begriff „optische Illusion" wird inzwischen relativ weit gefasst. Man zählt so unterschiedliche Phänomene wie einen Regenbogen und Meerjungfrauen dazu, ebenso die lustigen Gesichter, die sich in manchen Tapetenmustern zu verbergen scheinen. Alles, was mehrdeutig oder komisch wirkt, kann Ergebnis einer Täuschung sein. Scheinbar dreidimensionale

Kunstwerke können in Wirklichkeit eine zweidimensionale Illusion sein. Eine flächige Darstellung einer dreidimensionalen optischen Täuschung ist eine Illusion innerhalb einer Illusion. Eine Reihe von Telefonmasten, die zum Horizont kleiner werden, stellt ebenfalls eine Täuschung dar, denn die Masten werden nicht kleiner, sondern die Verzerrung entsteht durch die Entfernung im dreidimensionalen Raum. Wir leben in der Dreidimensionalität und werden im Alltag deshalb permanent mit optischen Täuschungen konfrontiert.

Es gibt so viele Beispiele optischer Täuschungen, dass es uns schwer gefallen ist, die besten herauszusuchen. Sie finden in diesem Buch eine umfassende und unterhaltsame Kollektion der beliebtesten optischen Täuschungen und Rätsel. Es handelt sich dabei um ganz unterschiedliche Arten von Illusionen. Entdecken Sie die Faszination der Figur-Grund-Wahrnehmung oder der Wirkung von Nachbildern und des beidäugigen Sehens. Ihr Blick für diese Phänomene wird dabei geschärft, und Sie werden im Alltag viele weitere Täuschungen entdecken.

Welcher Kobold ist größer? Tatsächlich sind beide Köpfe in dieser lustigen Variante der klassischen Titchener-Täuschung gleich groß.

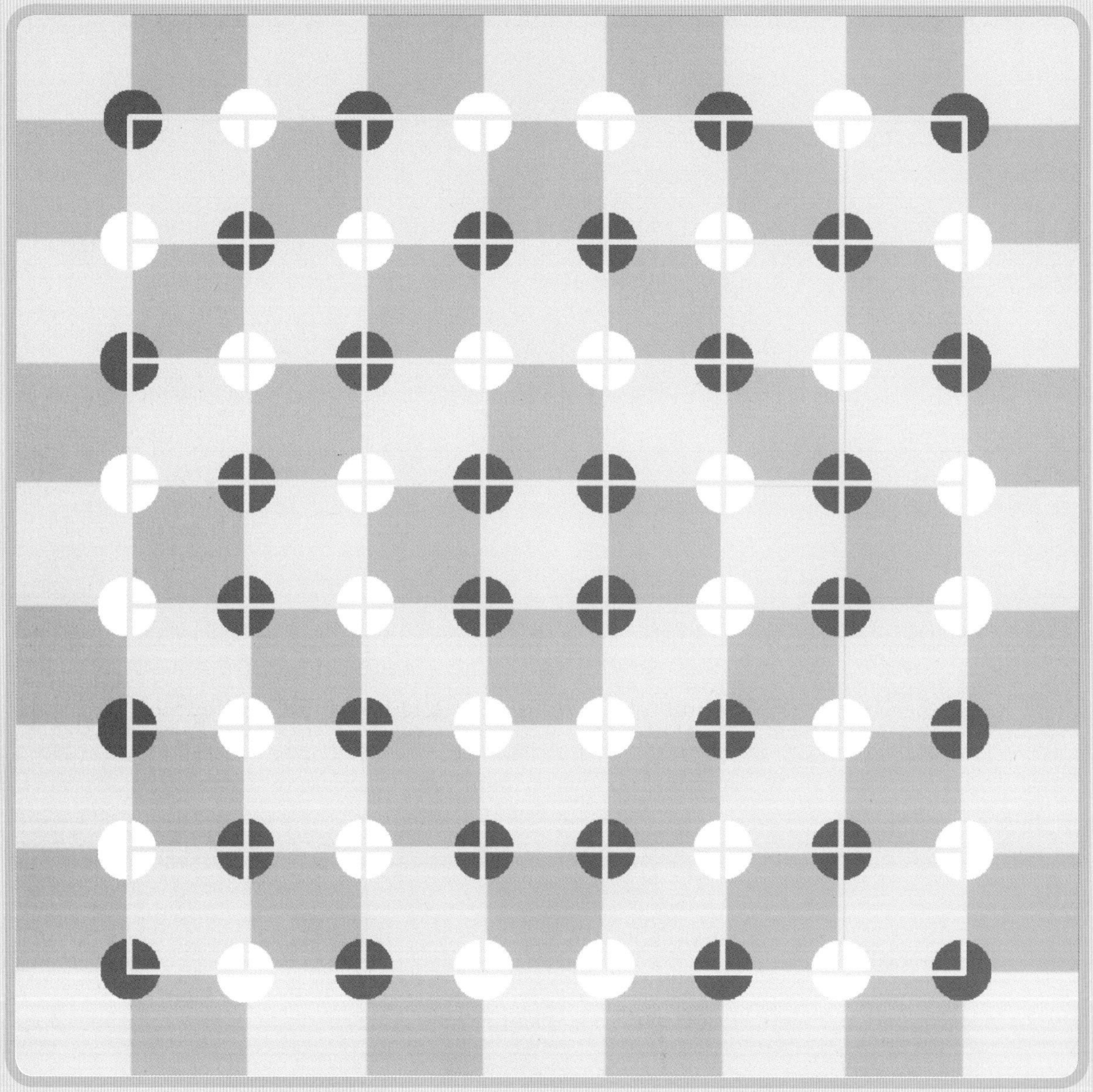

## 001 SCHACHBRETT MIT BEULE

Es gibt viele Täuschungseffekte, die auf verzerrten schachbrettartigen Mustern beruhen. Hier bildet ein gleichmäßiges Schachbrett den Hintergrund. Der Verzerrungseffekt entsteht durch die im Vordergrund angeordneten Objekte. Ein angelegtes Lineal beweist, dass alle Linien wirklich schnurgerade sind.

# OPTISCHE VERZERRUNGEN

Häufig hört man jemanden sagen: „Mir gehen tausend Dinge durch den Kopf." Das trifft eigentlich auf uns alle zu. Wir alle haben Tausende von Beschreibungen im Kopf, die uns bei der Identifizierung von Objekten helfen. So erkennen wir, dass dies eine Ente, jenes ein Baum, ein weißer Fels, ein schwarzer Schwan oder eine blaugraue Meerkatze ist.

Eine noch längere Liste von Beschreibungen und Vorstellungen ist nötig, damit wir uns ein Bild von komplexen Darstellungen machen können. In unserem Gehirn sind unzählige kleine Bausteine am Werk. Es gibt sogar spezielle Neuronen, die nur dazu dienen, Anfang und Ende von geraden Linien zu erkennen. Kein anderes Lebewesen besitzt eine ähnliche Vorliebe für Formen und Strukturen.

Die Phänomene optischer Verzerrungen sind Folge unserer ausgeprägten Fähigkeit, Strukturen und Formen zu identifizieren. Bereits ein winziger Aspekt genügt, dass wir eine eigentlich schnurgerade Linie als gekrümmt „sehen". In diesem Kapitel werden wir Ihnen einige der besten Verzerrungsphänomene präsentieren: verzerrte Schachbrettmuster, gekrümmte Linien, aufgebrochene Kreise, Größenanomalien und perspektivische Illusionen.

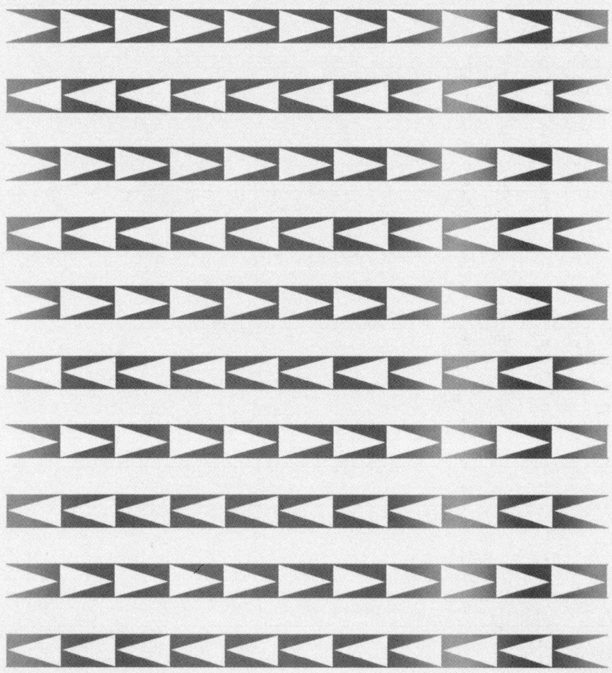

## 002 PFEILSPITZEN IN SERIE

Diese Bänder mit einem Muster aus Pfeilspitzen sind eine Variante der Fraser-Spirale (siehe Seite 16). Die gegenläufig angeordneten Reihen der Pfeilspitzen bewirken, dass die horizontalen Linien nicht parallel erscheinen.

## 003 GEKRÜMMTE KARTEN

Karten mit gekrümmten Seitenkanten bilden ein bekanntes Verzerrungsphänomen. Bis auf die Farbe sind beide Karten identisch. Egal, welche Karte links liegt, sie scheint immer größer zu sein. Diese Illusion entsteht, weil wir immer die lang gestreckte, sanfte Krümmung der einen Karte mit der gestauchten, starken Krümmung der anderen vergleichen. Werden die Karten ausgeschnitten und aufeinandergelegt, verschwindet die Illusion. Auch bei drei oder vier nebeneinander angeordneten Karten bleibt die Täuschung erhalten.

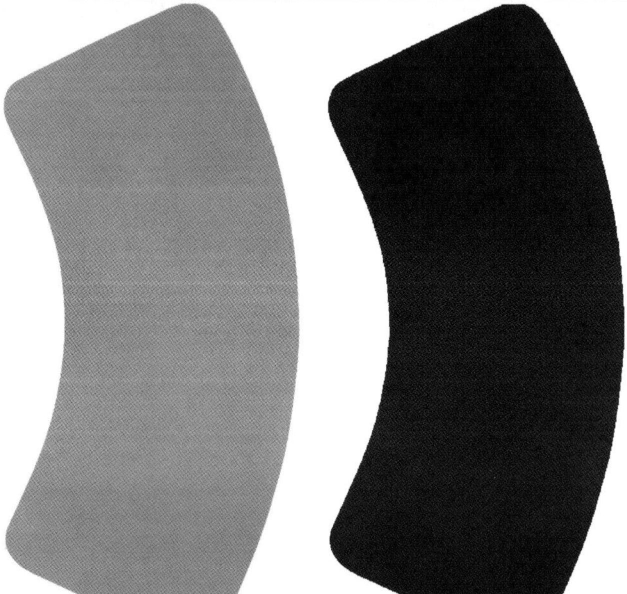

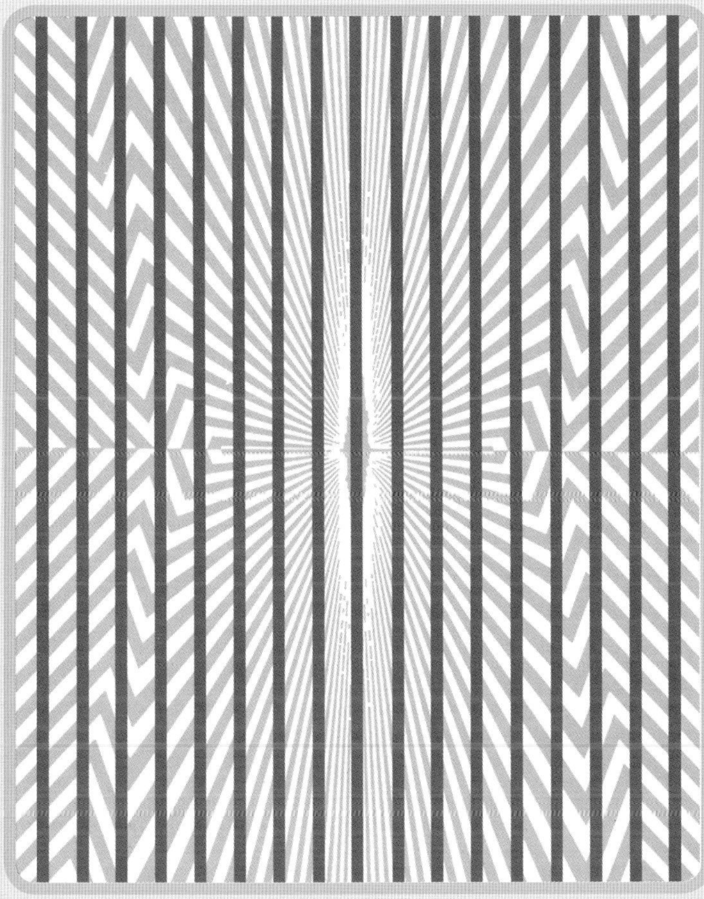

## 004 GEKRÜMMTE LINIEN 1

Die Hering-Täuschung, manchmal auch Wundt-Täuschung genannt, ist nach den Wissenschaftlern benannt, die diesen Effekt vor über 100 Jahren erforschten. Das Hintergrundmuster bewirkt, dass die Linien im Vordergrund gekrümmt erscheinen. Je nach Hintergrund nimmt man die Linien als nach innen oder außen gekrümmt wahr.

## 005 GEKRÜMMTE LINIEN 2

In dieser Umsetzung der Hering-Täuschung lässt ein dreidimensionales Hintergrundmuster die eigentlich parallel verlaufenden horizontalen Linien leicht gekrümmt erscheinen.

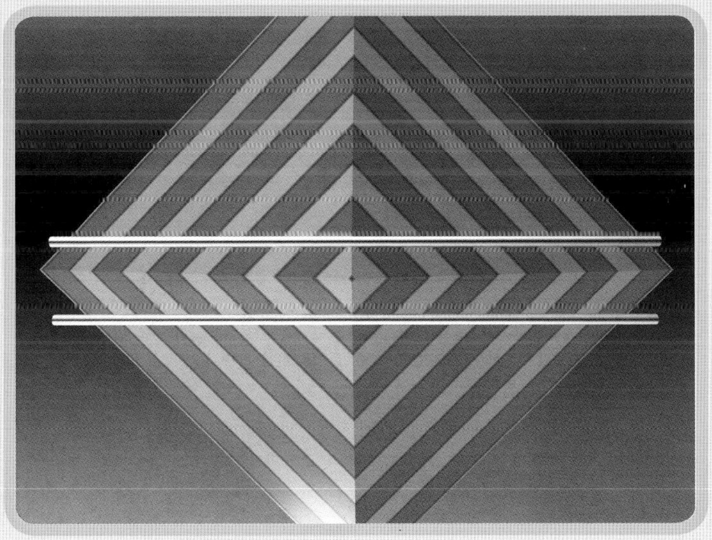

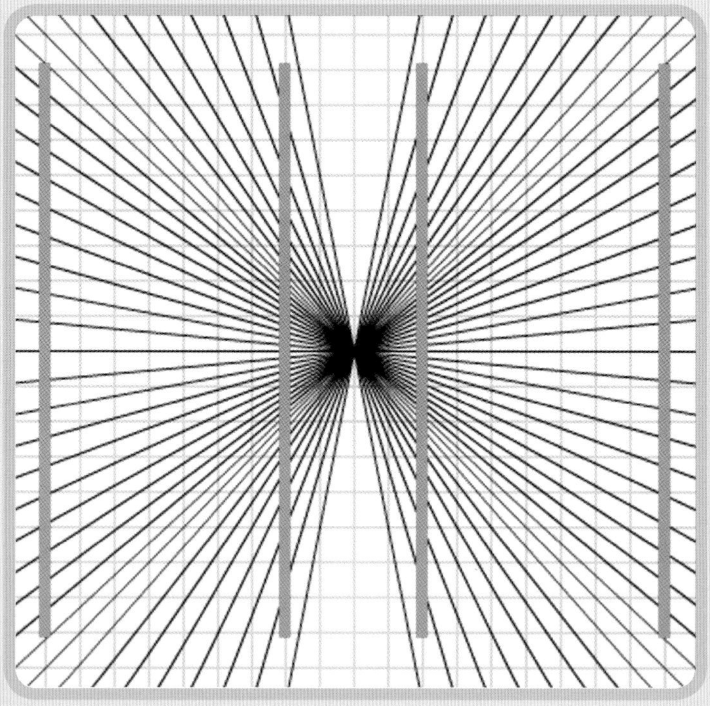

## 006 GEKRÜMMTE LINIEN 3

In dieser Variante der Hering-Täuschung tauchen gleichzeitig scheinbar nach innen und außen gekrümmte senkrechte Linien auf.

## 007 AUFGEBROCHENER KREIS

Auch diese Illustration beruht auf der Hering-Täuschung. Der „Hintergrund" liegt in diesem Fall vorne und bewirkt die verzerrte Wahrnehmung des Kreises.

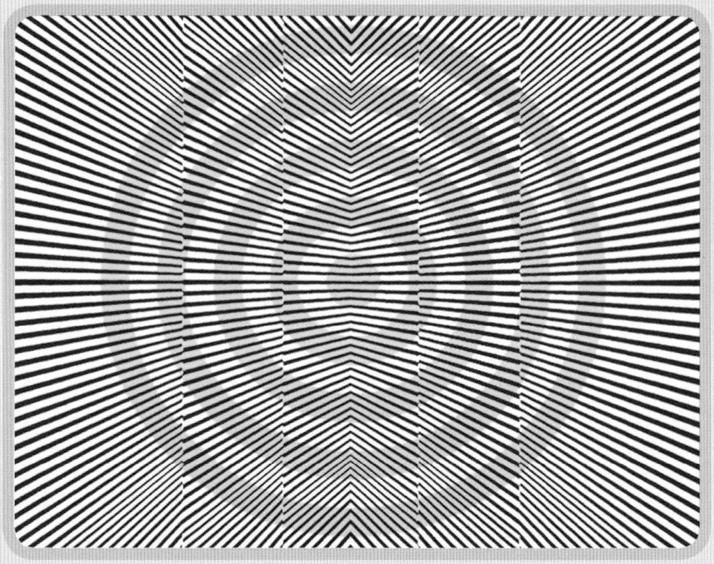

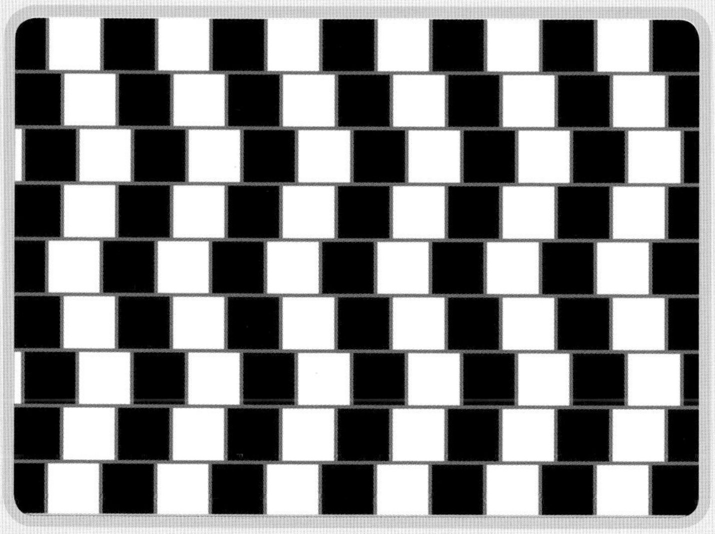

## 008 KAFFEEHAUS-WAND

Die Kaffeehaus-Täuschung wurde erstmals an der gekachelten Fassade eines Cafés in Bristol vorgeführt. Obwohl sie völlig gleichförmig sind, erscheinen die Kachelreihen gekrümmt und unregelmäßig. Diese Illusion wird durch die versetzte Anordnung der schwarzen und weißen Kacheln und die Breite der Fugen hervorgerufen.

## 009 VERBORGENE KETTE

Beim Versuch, eine durch ein Objekt teilweise verdeckte schräge Linie fortzuführen, lassen wir uns meistens täuschen. Offenbar treffen die beiden sichtbaren, in einem spitzen Winkel gespannten Teile dieser Kette hinter dem Brett nicht direkt aufeinander. Die Überprüfung mit einem Lineal beweist das Gegenteil.

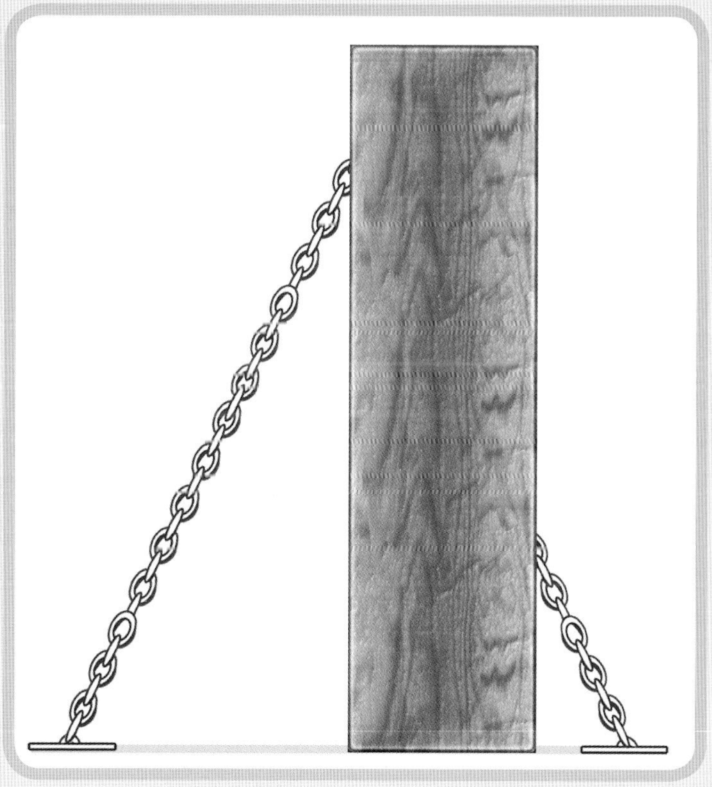

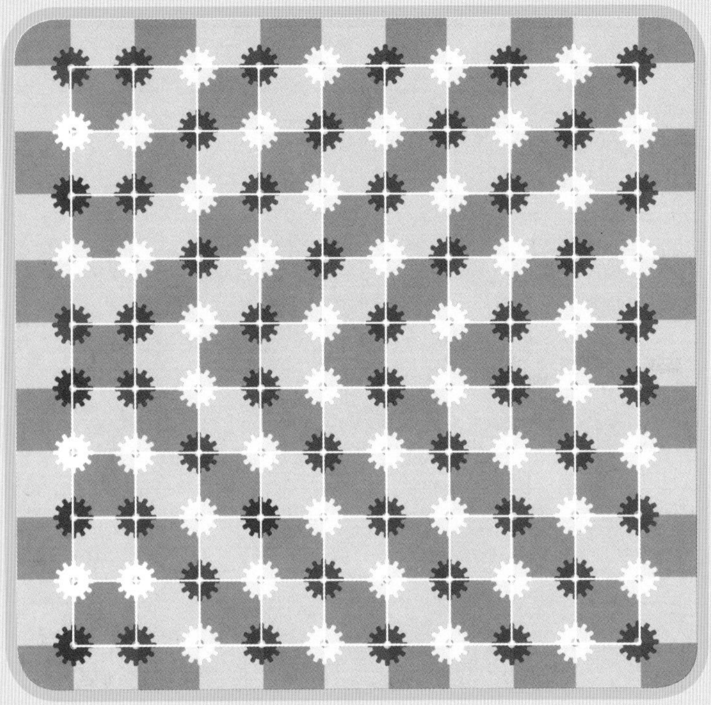

## 010 SCHACHBRETT MIT ZAHNRÄDERN

In dieser Variante der Schachbrett-Täuschung ersetzen winzige Zahnräder die sonst üblichen Kreise.

## 011 SCHACHBRETT MIT STERNEN

Hier bewirkt ein Muster aus Sternchen die Verzerrung des regelmäßigen Schachbrettmusters.

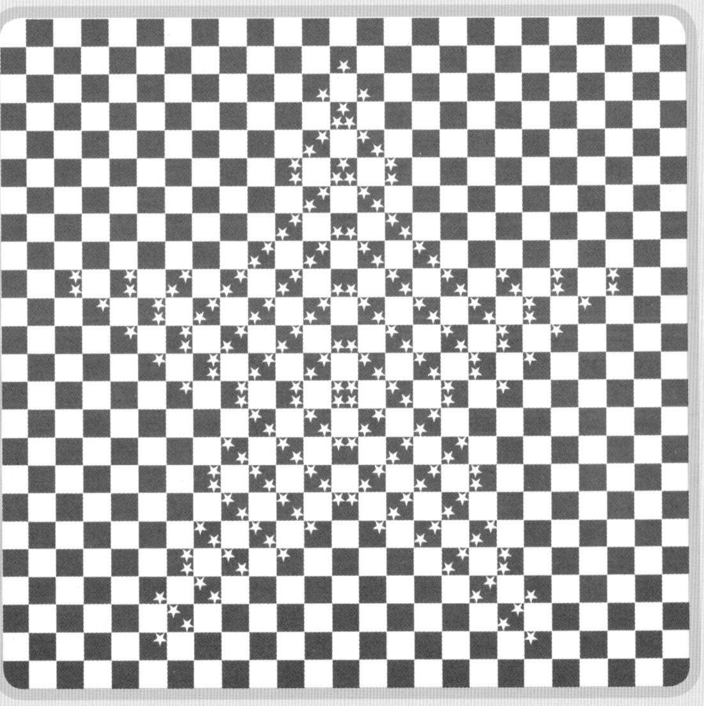

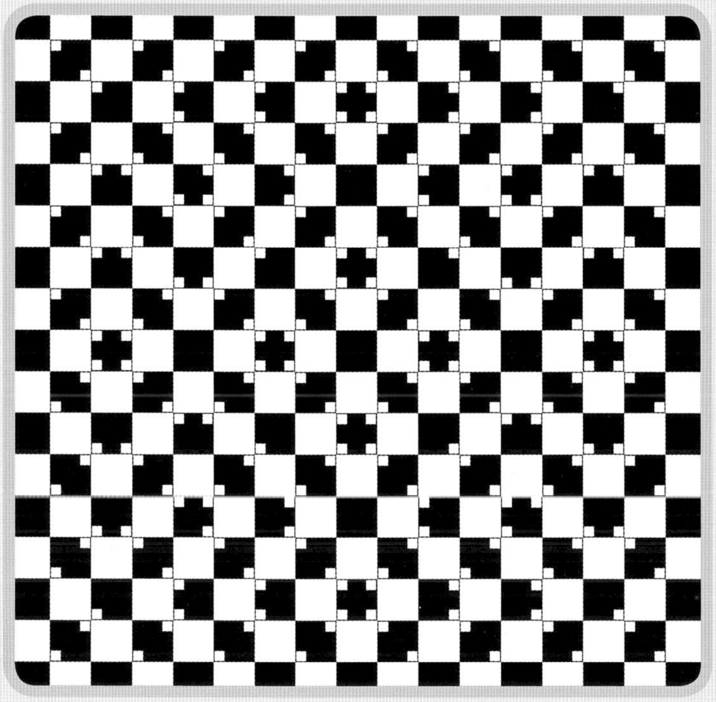

## 012 SCHACHBRETT MIT QUADRATEN

Ein Muster aus winzigen Quadraten lässt uns das Schachbrett wellenförmig verzerrt wahrnehmen.

## 013 GEKRÄUSELTES SCHACHBRETT

Ein ausgefallenes Muster aus verschiedenfarbigen kleinen Kreuzen bewirkt, dass das Schachbrett eine dreidimensionale Wellenform annimmt.

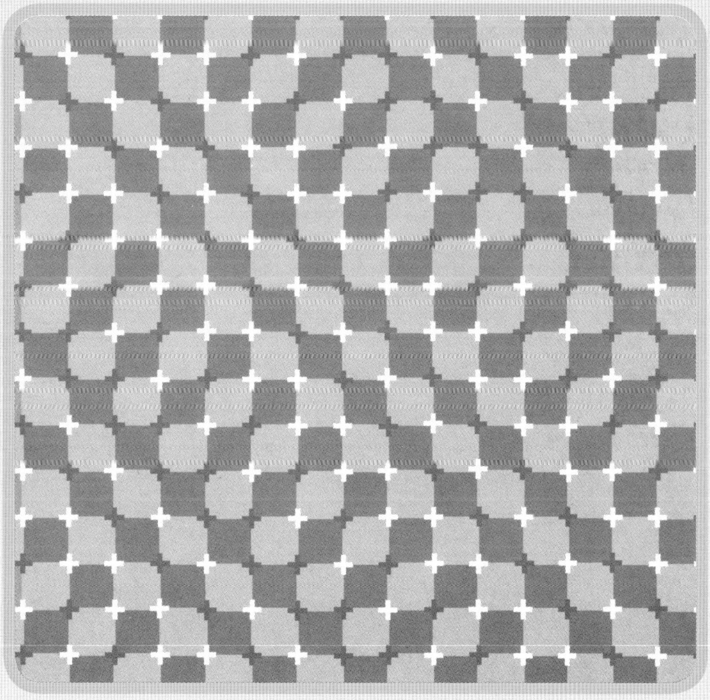

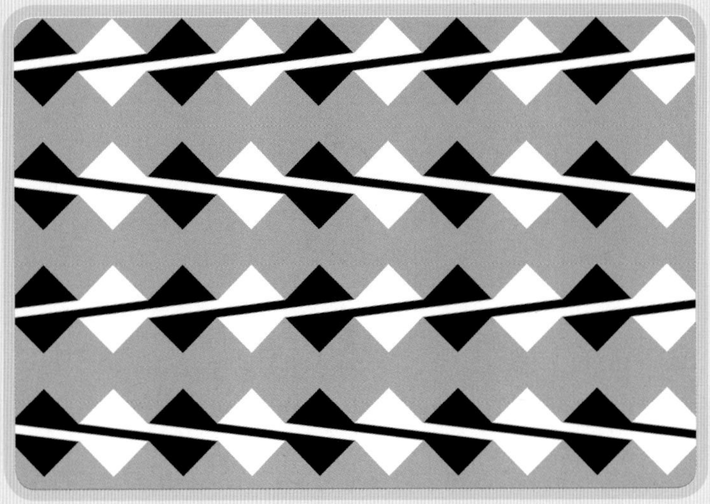

## 014 FRASER-TÄUSCHUNG SEIL

Bei dieser Variante der Fraser-Spirale scheinen die horizontalen Reihen der Rauten durch den Effekt eines verdrillten Seils (siehe unten) schräg zu verlaufen.

## 015 FRASER-SPIRALE

Dies ist die klassische Darstellung der Fraser-Spiralen-Illusion. Die Spirale ist in Wirklichkeit keine Spirale, sondern eine Serie konzentrischer Kreise. Durch ihr Muster, das an ein verdrilltes Seil erinnert, werden diese Kreise von uns aber als Spirale wahrgenommen.

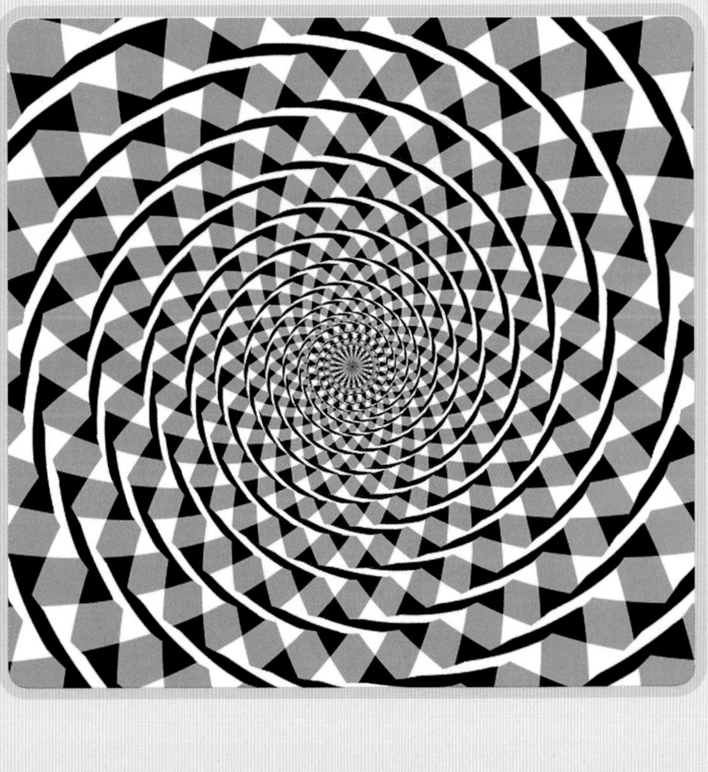

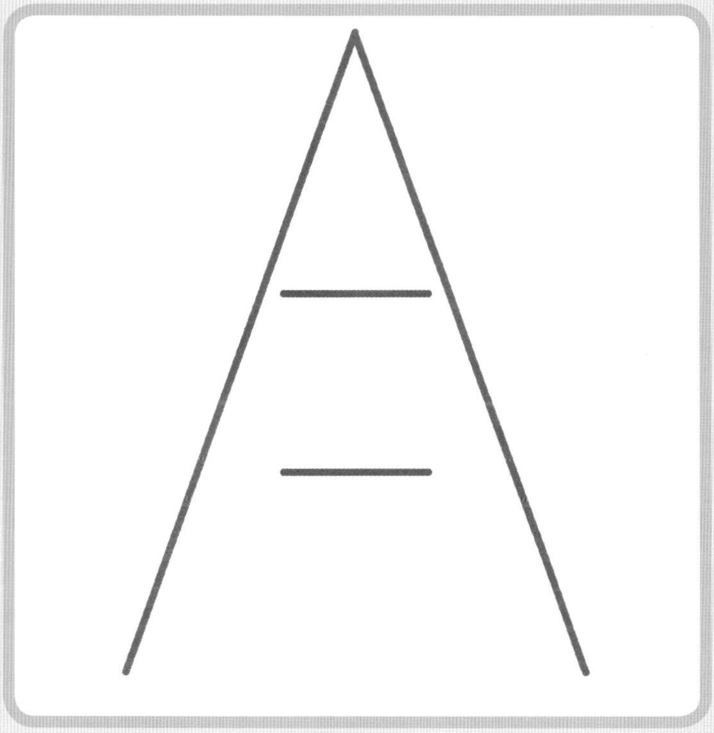

## 016 PONZO-TÄUSCHUNG

Die auf einer „unterstellten" Perspektive beruhende Ponzo-Täuschung wurde nach ihrem Entdecker benannt. Wenn wir diese spitz zusammenlaufenden Linien sehen, interpretieren wir sie wie Bahngleise, die parallel verlaufen und in der Entfernung immer schmaler werden. Die Querbalken sind gleich lang, doch der obere Balken erscheint länger, weil wir ihn durch unsere räumliche Interpretation so sehen. Ein Balken, der genauso groß wäre wie der untere, müsste der Logik einer räumlichen Perspektive entsprechend deutlich kürzer dargestellt sein.

## 017 LINCOLNS HUT

Dies ist eine klassische optische Täuschung. Der Zylinder des Präsidenten ist tatsächlich genauso hoch wie breit. Es gilt die Regel, dass eine vertikale Linie, die eine horizontale Line schneidet, immer als länger erscheint.

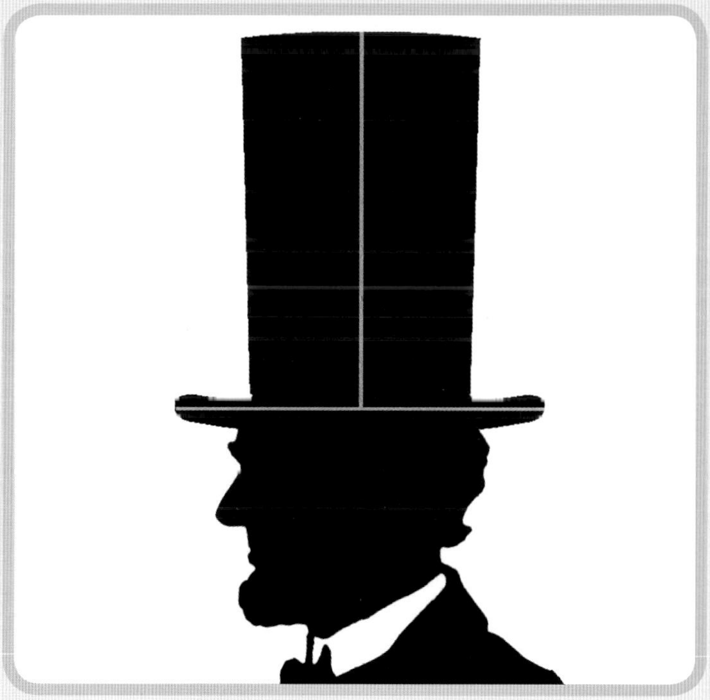

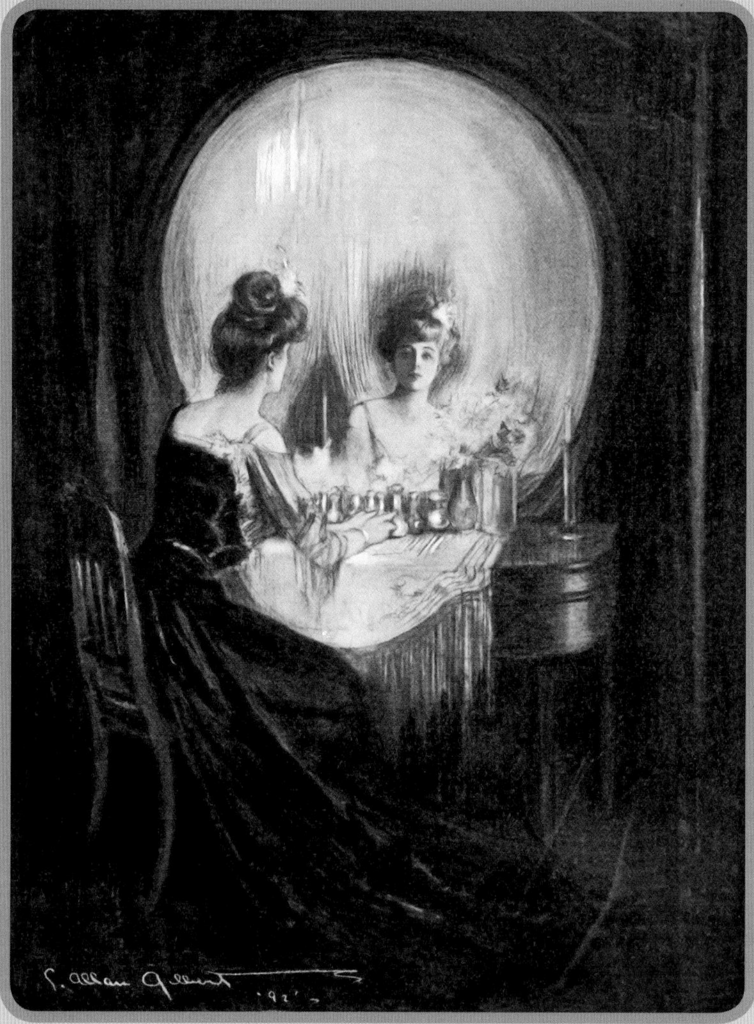


## 018 ALL IS VANITY

Die Illustration *All is Vanity* (Alles ist Eitelkeit) ist eines der bekanntesten Vexierbilder. Sie wurde nach der Erstveröffentlichung 1902 millionenfach abgedruckt. Das allegorische Vanitas-Motiv wurde von einem Ausspruch Salomos über Eitelkeit und Vergänglichkeit inspiriert: „Alles ist Eitelkeit." Die Ambiguität dieser Aussage findet sich auch im Bild: Man sieht darauf entweder eine junge Frau, die sich selbst im Spiegel betrachtet, oder einen im Hintergrund lauernden Totenkopf.

Charles Allen Gilbert, *All is Vanity,* 1892

# MEHRDEUTIGE FIGUREN

Mehrdeutige Figuren lassen sich in mehr als nur einer Weise interpretieren. Jede dieser möglichen Interpretationen eines Bilds ist in sich schlüssig und wird als Aspekt bezeichnet. Mit dem Erkennen eines Aspekts strebt unser Wahrnehmungsapparat danach, ein logisches Bild aufzubauen, das uns kognitiv befriedigt. Es ist nicht möglich, gleichzeitig mehrere Aspekte dieser mehrdeutigen Figuren zu sehen. Nach dem Erfassen eines Bilds findet bald ein Wahrnehmungswechsel statt, und wir schalten zwischen den Aspekten der Abbildung hin und her.

Es gibt verschiedene Erklärungen für dieses Phänomen. Eine davon besagt, dass das „Sehen" etwas langsamer ist als die Geschwindigkeit des Lichts. Es gibt eine minimale Verzögerung von rund einer Zehntelsekunde zwischen dem Aufnehmen der Sinneseindrücke und dem Zeitpunkt, bis wir sie in unserem Kopf „sehen". Diese zur Verarbeitung der Sinneseindrücke benötigte Zeit erscheint zwar extrem kurz, aber sie reicht aus, um zu verhindern, dass mehrere Aspekte genau zur gleichen Zeit wahrgenommen werden können.

In diesem Kapitel haben wir sowohl einfache wie komplexe Beispiele für mehrdeutige Figuren gesammelt. Bizarre Illustrationen und dreidimensionale Konstruktionen werden Ihre Wahrnehmungsfähigkeit ebenso auf die Probe stellen wie die oftmals verwirrende Beziehung von Figur und Grund, von Vorder- und Hintergrund. Vergessen Sie nicht, immer auch nach dem „anderen" Aspekt eines Bilds zu suchen.

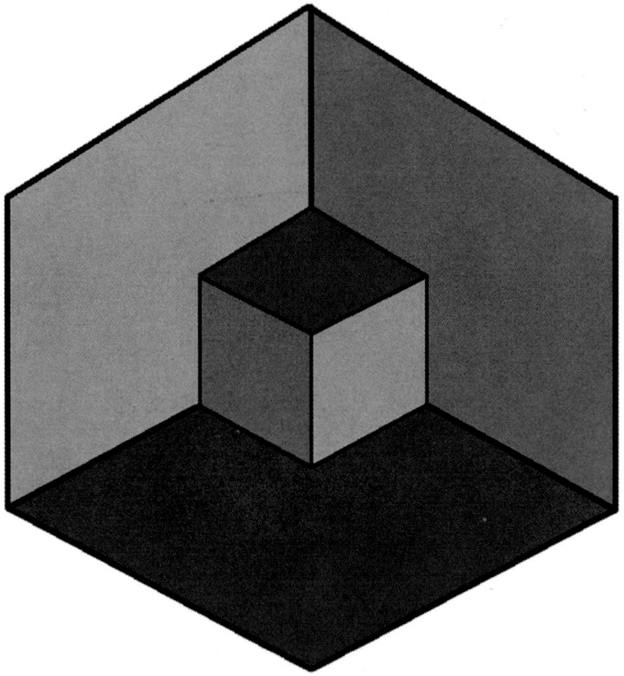

## 019 FEHLENDE ECKE ILLUSION 1

Die Illusion der fehlenden Ecke hat drei Aspekte: 1) ein Würfel mit einer vorne fehlenden Ecke; 2) ein Raum mit zwei Wänden und Fußboden mit einem kleinen Würfel in der hinteren Ecke; 3) ein großer Würfel mit einem davor frei schwebenden kleinen Würfel. Tipp: Bauen Sie ein Modell dieser Illusion, lassen Sie es rotieren und beobachten Sie, wie sich der kleine Würfel (Aspekt 3) nach hinten bewegt.

## 020 FEHLENDE ECKE ILLUSION 2

Diese mit einem Muster versehene Darstellung der oben vorgestellten Würfelillusion macht es einfacher, alle drei „Sichtweisen" zu erkennen.

Abbildung von Arthur Azevedo

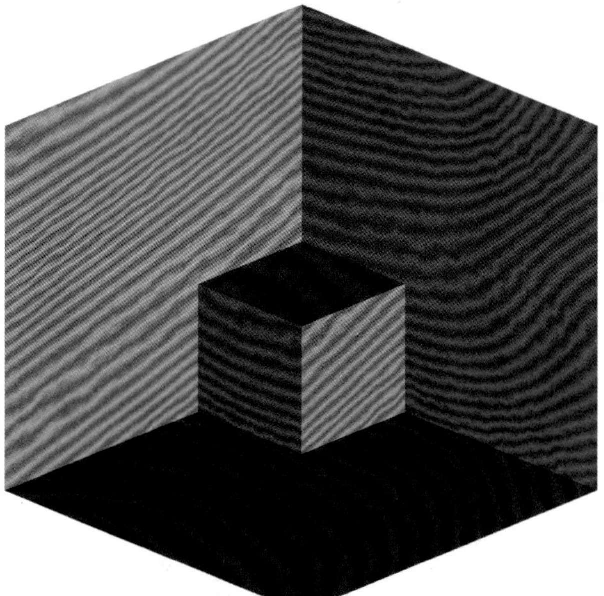

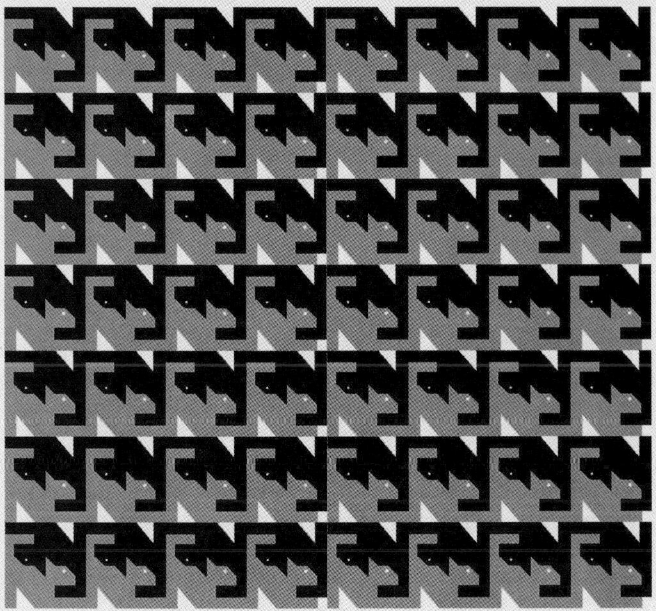

## 021 MUSTER AUS KATZEN

Dieses Mosaikmuster besteht aus grauen Katzen, die nach rechts schauen. Können Sie auch die schwarzen Katzen entdecken? Tipp: Drehen Sie das Bild um.

## 022 KEGEL ODER TUNNEL?

Erkennen Sie in diesem geometrischen Muster einen Tunnel? Sehen Sie auch ein kegelförmiges Objekt?

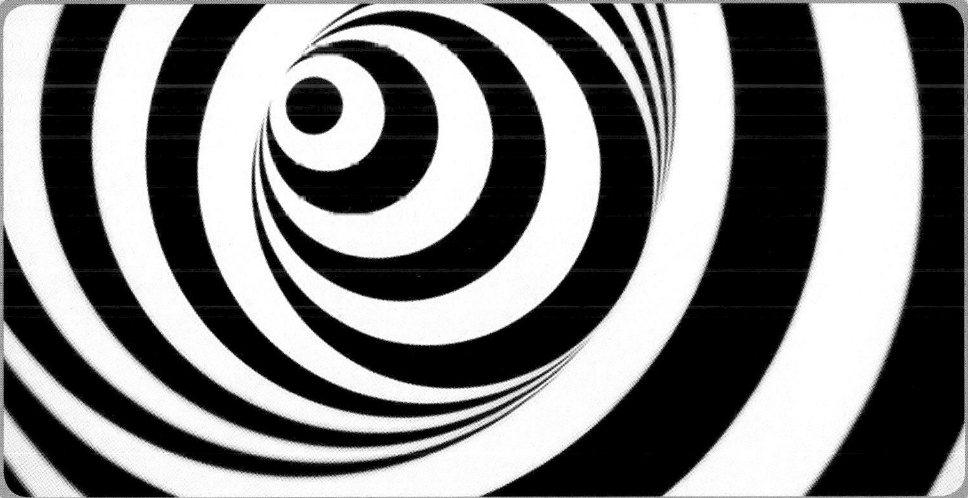

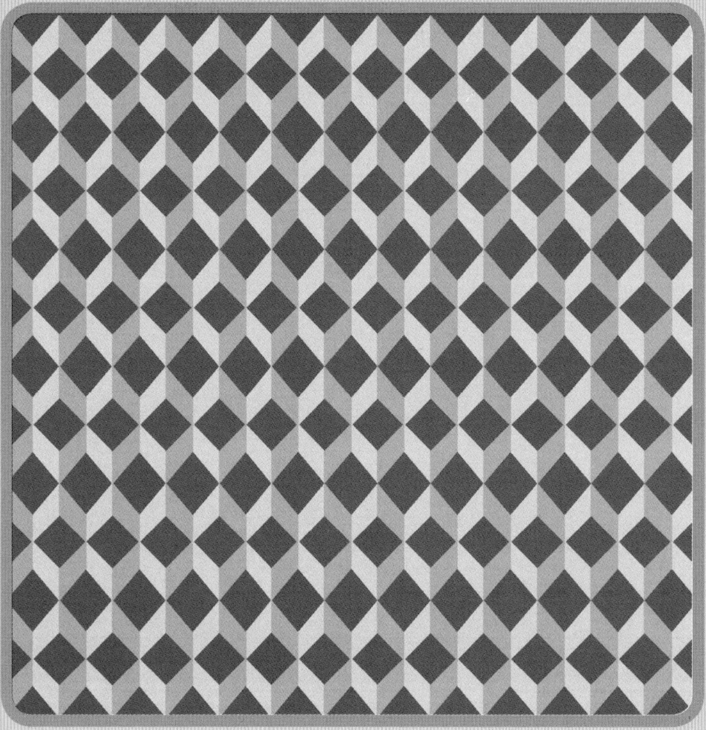

## 023 MUSTER AUS WÜRFELN

Was sehen Sie bei diesem Muster? Sehen Sie Würfel mit dunkler Grundfläche oder solche mit dunkler Deckfläche? Ein geschickter Betrachter wird beide schnell hintereinander erkennen.

## 024 UNEBENE PLATTE

Sehen Sie im Zentrum dieser Platte Vertiefungen und am Rand Ausbuchtungen? Wenn man sich vorstellt, dass das Licht von unten einfällt, kehrt sich das Bild um: In der Mitte sind Ausbuchtungen, ringsum Vertiefungen.

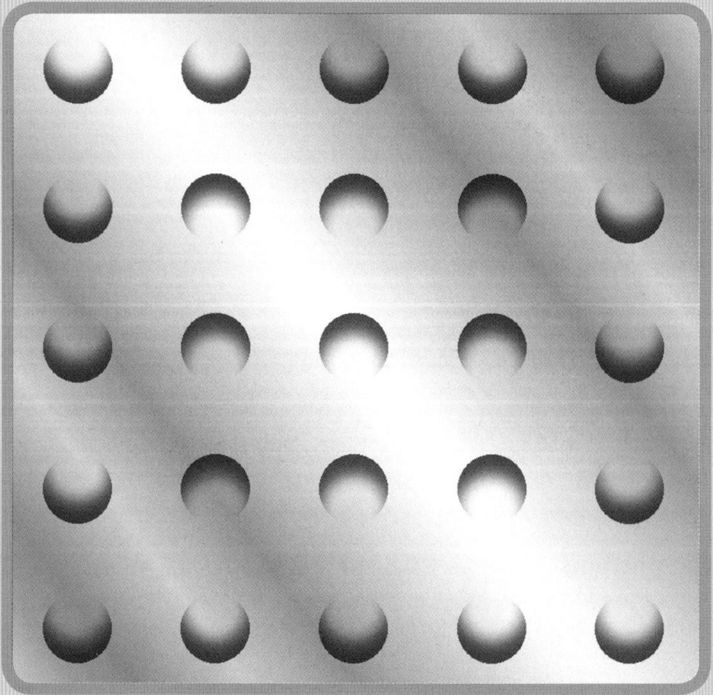

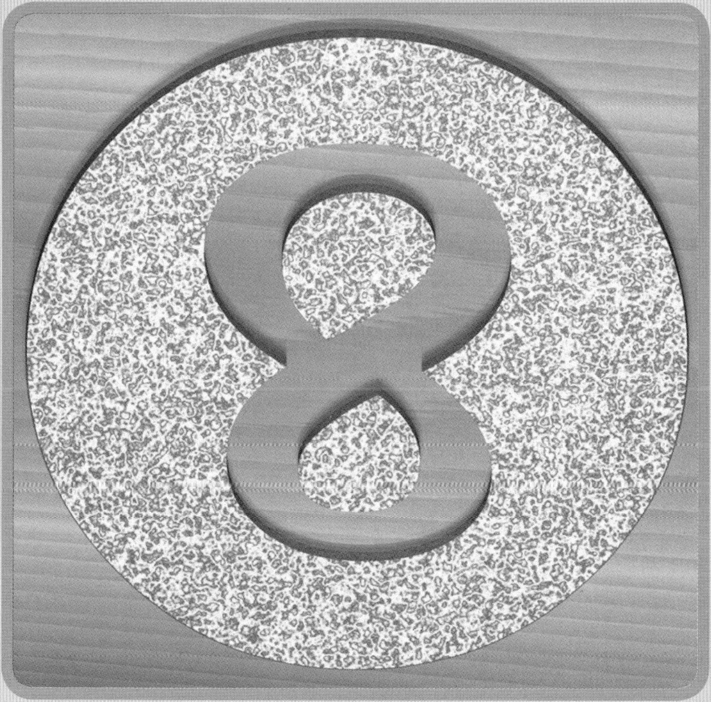

## 025 TÄUSCHENDE ACHT

Diese Abbildung zeigt eine aus Holz ausgesägte Ziffer 8. Sie liegt in einem ebenfalls aus Holz ausgeschnittenen Kreis. Drehen Sie das Bild um 180 Grad. Nun besteht der Hintergrund aus massivem Holz, und die Ziffer 8 ist Teil dieses Hintergrunds.

Abbildung von Arthur Azevedo

## 026 INDIANERHÄUPTLING UND INUIT

Können Sie in dieser Abbildung sowohl einen Indianerhäuptling als auch einen Inuit entdecken?

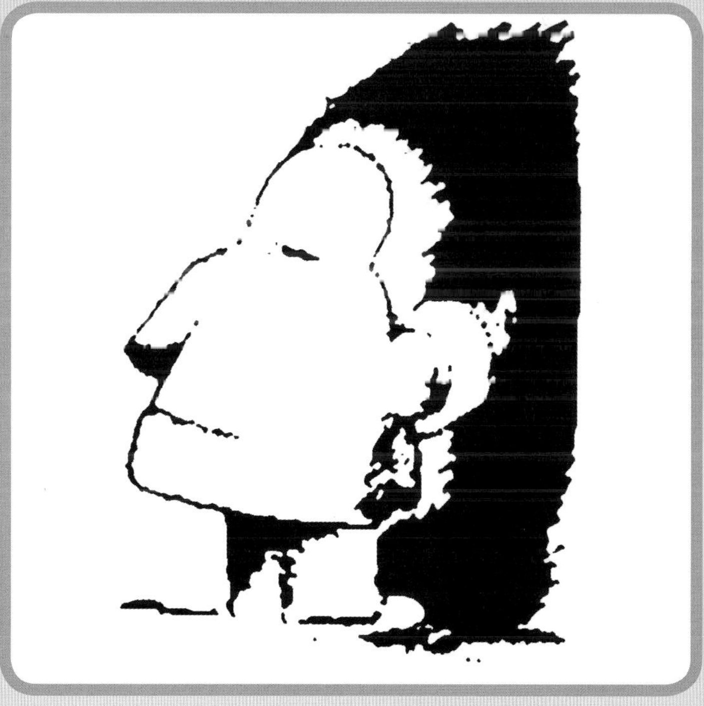

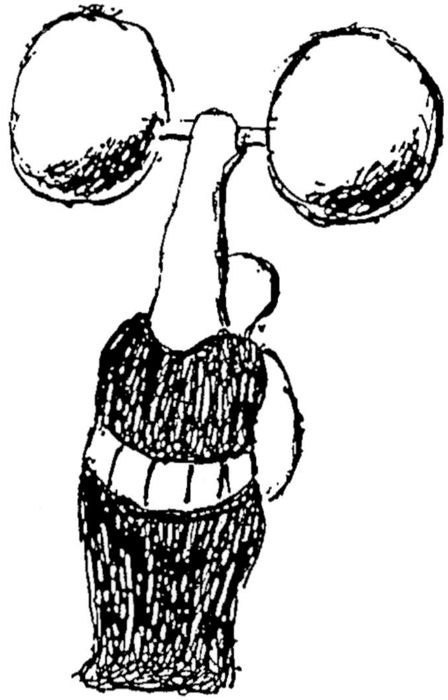

## 027 GESICHT ODER HANTEL?

Diese Abbildung zeigt entweder einen Mann mit Bart und prägnantem Gebiss oder einen Kraftsportler, der eine Hantel stemmt.

## 028 GESICHT ODER FALKE?

Erkennen Sie in diesem ambivalenten Bild einen Falken oder das Gesicht von Professor Falke?

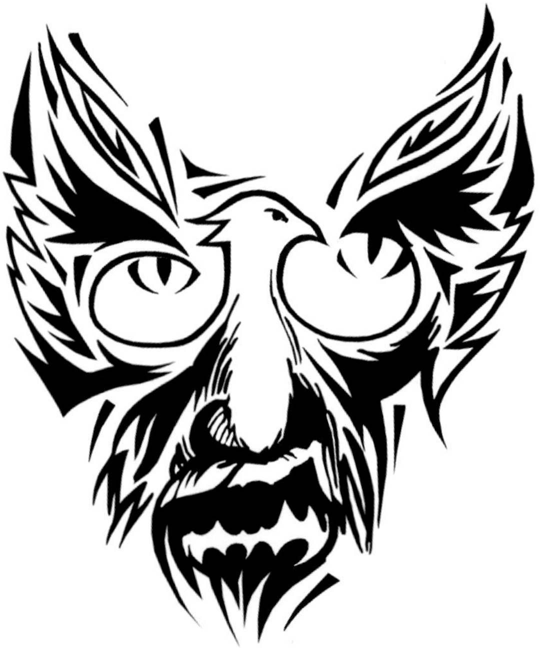

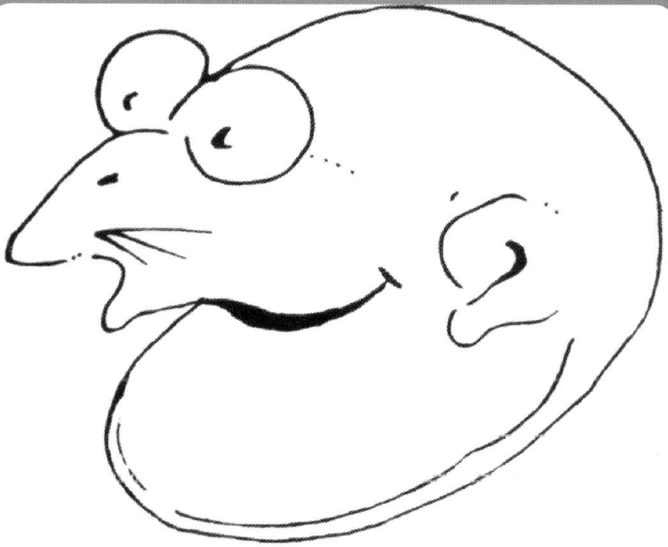

## 029 LACHENDER MANN ODER MAUS?

Auch diese Abbildung ist doppeldeutig: Man kann eine Maus mit Barthaaren oder einen lachenden Mann entdecken.

## 030 SANDALE ODER MÄNNERKOPF?

Ist das eine Sandale oder ein Mann mit schwarzen Haaren und Brille?

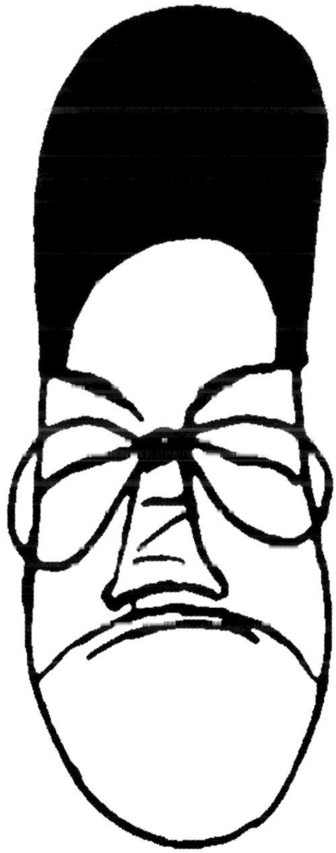

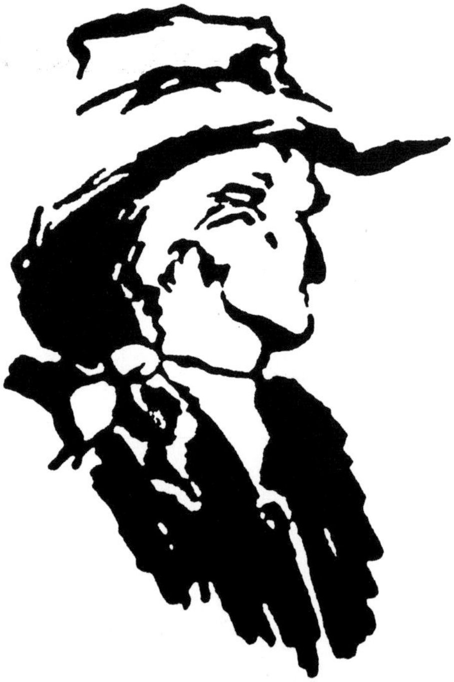

## 031 VATER UND SOHN

In diesem Bild sind Vater und Sohn dargestellt. Können Sie beide erkennen? Tipp: Die prägnante Nase des Vaters hat einen Höcker, der dicht neben der eleganten römischen Nase des Sohns erscheint.

## 032 RÄTSEL MIT DREI GENERATIONEN

Drei Generationen sind hier zu sehen: Tochter, Mutter und Großvater. Es ist nicht einfach, alle drei zu entdecken. Tipp: Die Mutter braucht die Halskette der Tochter, der Großvater braucht sie nicht.

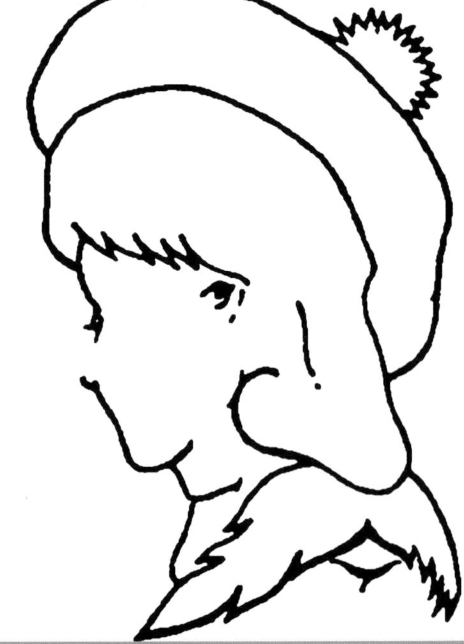

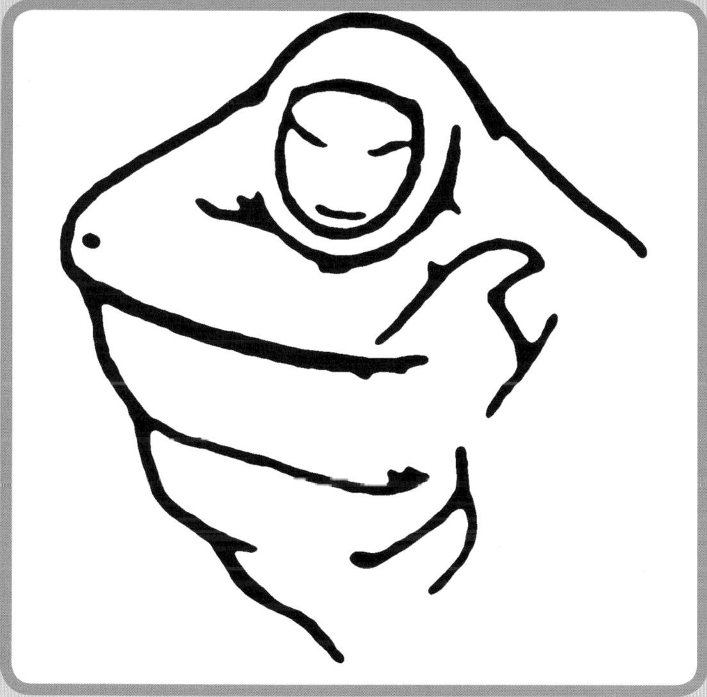

## 033 FAUST ODER DECKE?

Diese Zeichnung kann man als eine in eine Decke gehüllte Frau oder als geballte Faust mit zur Maniküre vorgestrecktem Daumen interpretieren.

## 034 GEFALTETER STERN

Kontrastierende Farbtöne und Schattierungen bewirken bei diesem Stern den Eindruck der Dreidimensionalität. Er scheint in verschiedene Richtungen gefaltet zu sein.

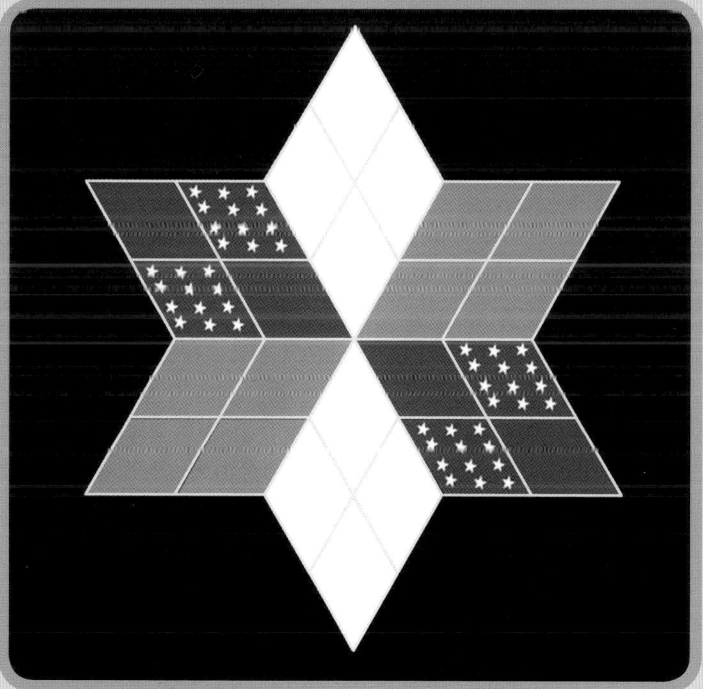

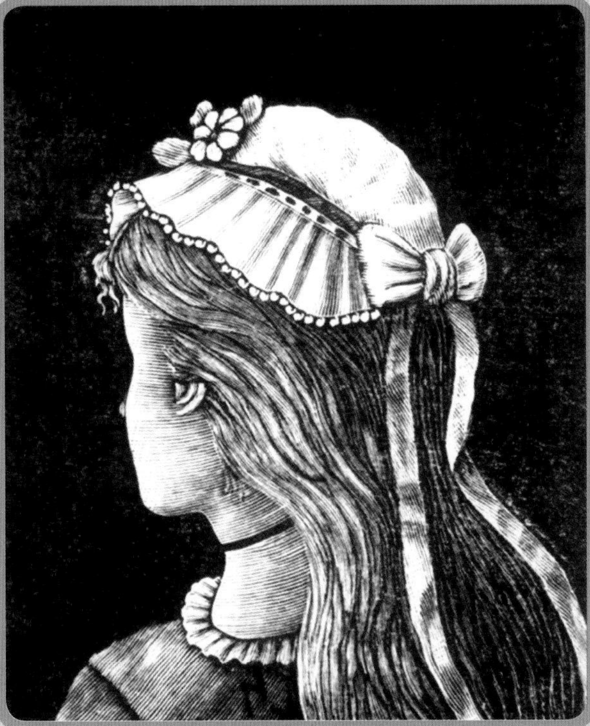

## 035 TOCHTER UND MUTTER

Diese detailreiche Version eines Bilds mit mehreren Gesichtern ist sehr alt und könnte eine der ersten dieser Art sein. Das im Profil zu sehende Mädchen blickt nach hinten. Die alte Frau schaut nach links, wobei die Halskette der Tochter ihren Mund markiert. Die Halskette (Mund) taucht in allen Variationen dieses Motivs auf (siehe Seite 26).

## 036 FIGUR-GRUND-WAHRNEHMUNG

In diesem Bespiel zur Figur-Grund-Wahrnehmung verstecken sich zwei Profilansichten. Die Figur der Vase bildet den *Vordergrund*, die Profile gehören zum *Hintergrund*.

## 037 GANS ODER HABICHT?

Zeigt diese Illustration eine nach Westen fliegende Gans oder einen Habicht, der nach Osten fliegt?

## 038 MAUS ODER FLUSSPFERD?

Ist hier eine putzige kleine Maus abgebildet oder ein niedliches kleines Flusspferd?

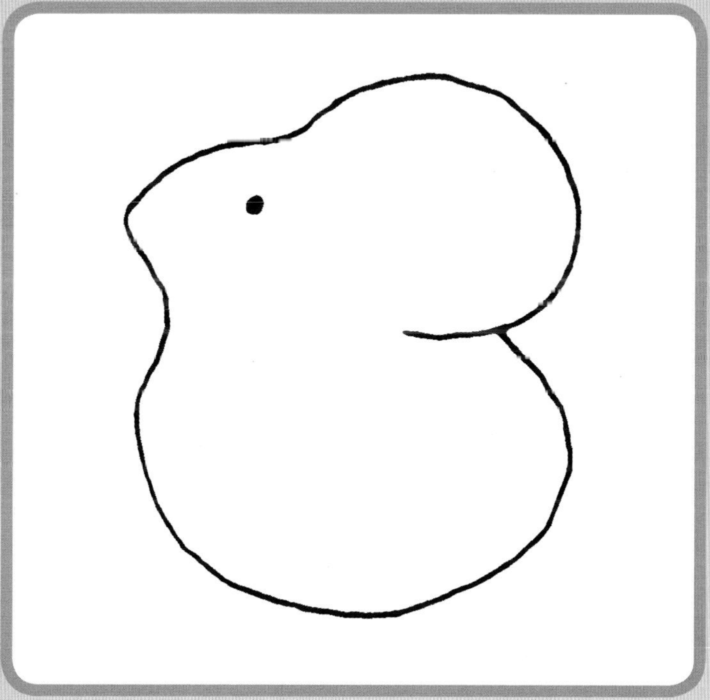

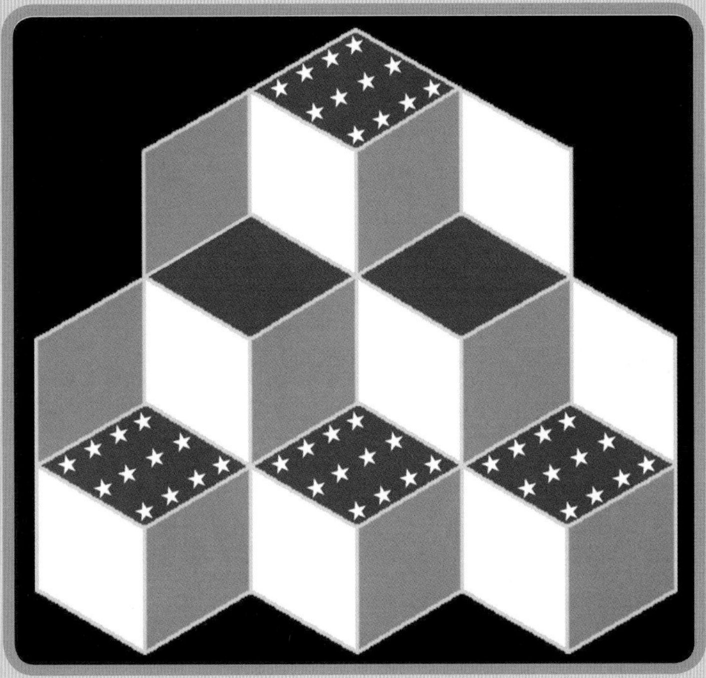

## 039 STERNE UND WÜRFEL 1

In dieser Abbildung kann man entweder vier Würfel mit Sternen auf der Oberseite oder drei Würfel mit Sternen auf der Unterseite erkennen.

## 040 STERNE UND WÜRFEL 2

Sie können vier Würfel mit Sternen auf der Oberseite oder vier Würfel mit Sternen auf der Unterseite entdecken.

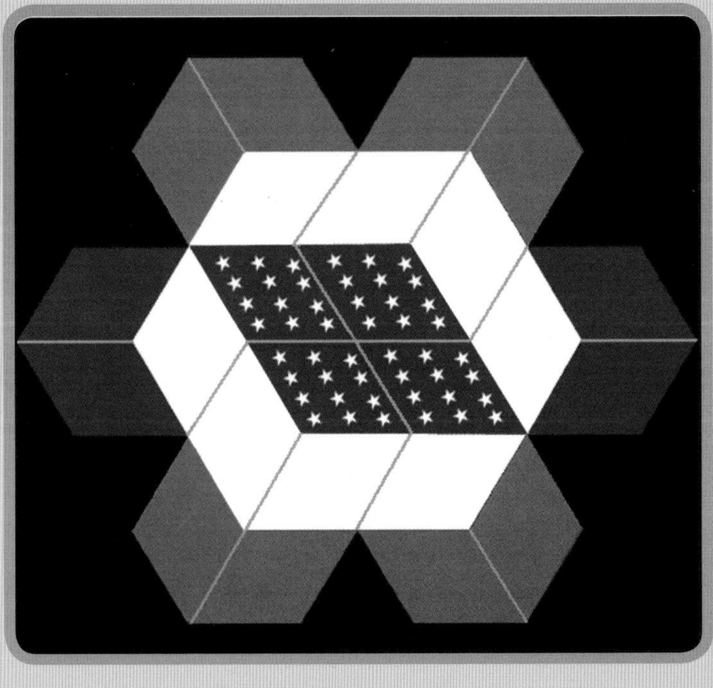

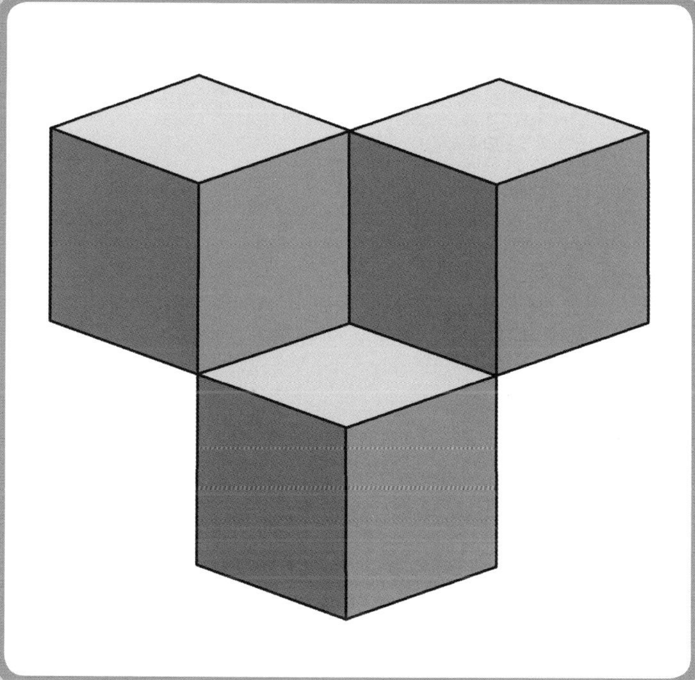

## 041 DREI ODER VIER WÜRFEL?

Dies ist eine klassische dreidimensionale Würfelillusion. Sehen Sie drei oder vier Würfel? Tipp: Der vierte, schwierig zu erkennende Würfel befindet sich in der Mitte.

## 042 TAO-MAUS

Diese Figur bezeichnet man als Tao-Maus. Das Symbol steht für einander entgegengesetzte Prinzipien, für Yin und Yang, Gut und Böse, Schwarz und Weiß. Wenn Sie darin auch eine Maus erkennen, sind Sie auf dem rechten Pfad zur Erkenntnis und Zufriedenheit.

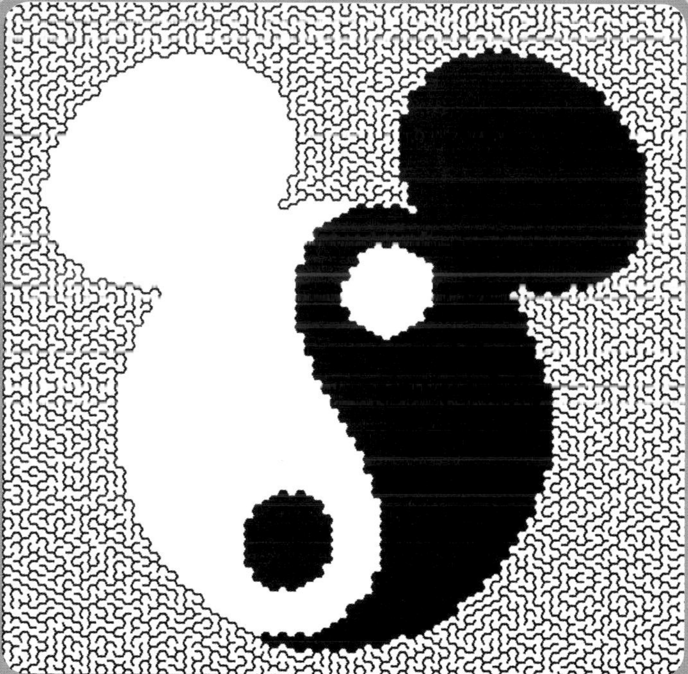

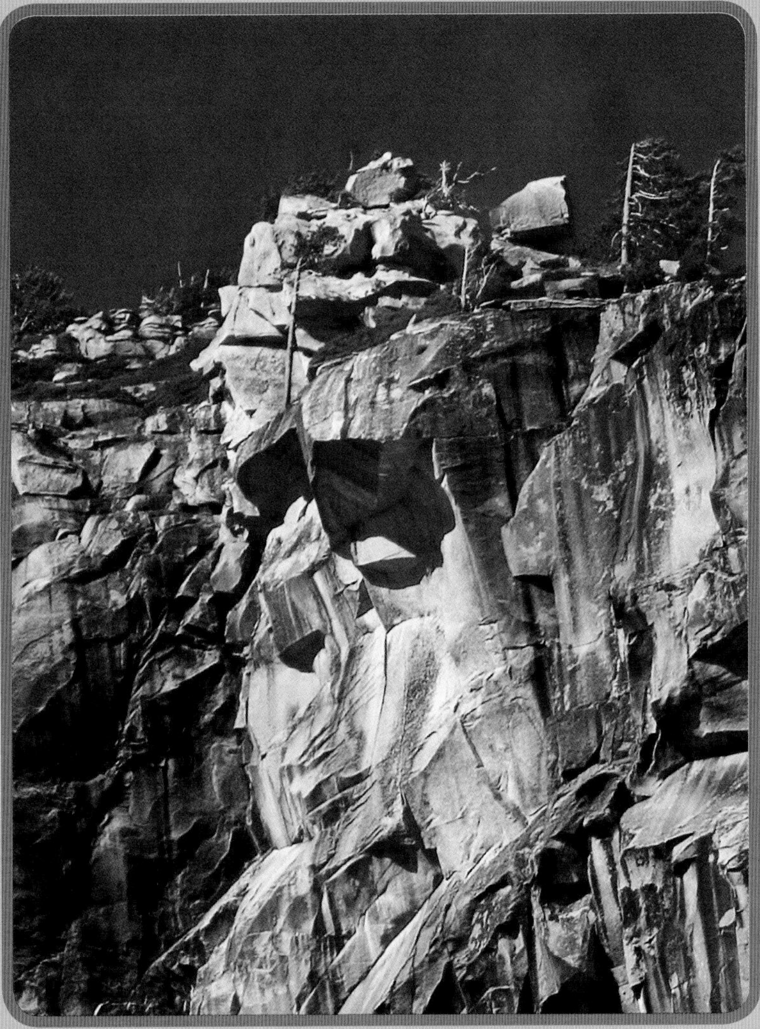

## 043 CHIEFTAIN ROCK

Dieser Fels im Yosemite National Park hat die Silhouette eines Indianerhäuptlings.

# GESICHTER IN DER NATUR

Vom Augenblick unserer Geburt an sind Gesichter wichtig für uns, denn unser Überleben hängt von deren Zuwendung ab. Lange bevor wir unser eigenes Gesicht erkennen, prägen wir uns andere Gesichtszüge ein. Eine ganze Region im Gehirn ist dafür zuständig. Weil wir unser ganzes Leben lang täglich Gesichter intensiv betrachten, entwickeln wir eine ausgeprägte Fähigkeit bei deren Erkennung.

Diese Faszination für Gesichter begleitet uns deshalb ein Leben lang. Wir entdecken Gesichtszüge nicht nur bei Menschen und Tieren, sondern auch in Wolken, Felsklippen, Tapetenmustern oder Stiefmütterchen sowie in Gegenständen des Alltags. Selbst auf dem Mond und entfernten Planeten oder im zufälligen Muster der Sterne glauben wir, Gesichter zu erkennen.

Dieses Kapitel präsentiert neben „Gesichtern" aus der Natur auch einige von Menschen geschaffene Gesichter.

## 044 EAGLE ROCK

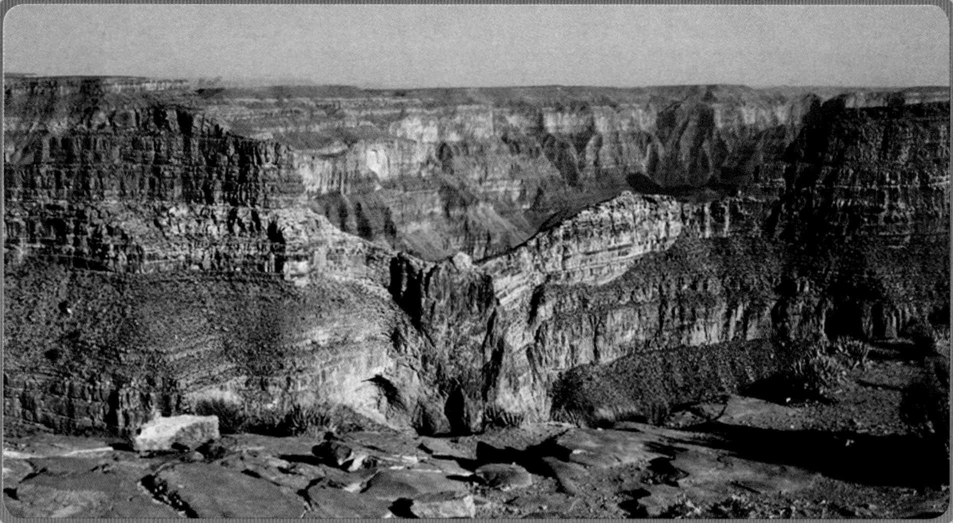

Die Ostflanke des Grand Canyon.

## 045 FACE ROCK

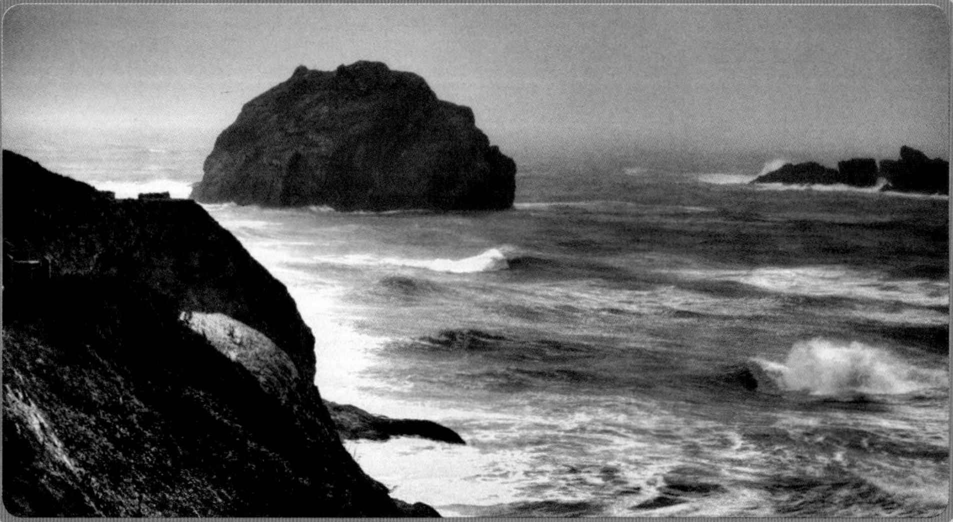

Am Bandon Beach, Oregon, blickt ein steinernes Gesicht in den Himmel.

## 046 GLÜCKLICHES HAUS

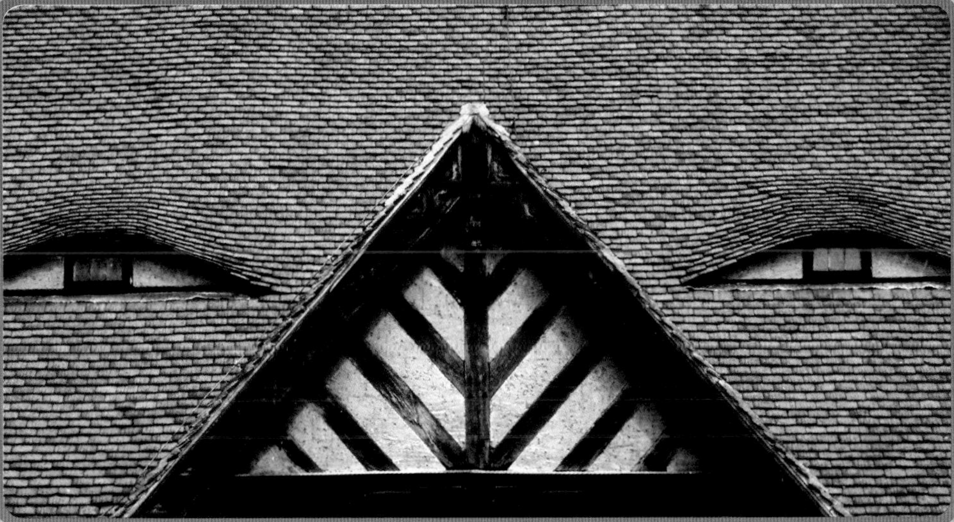

## 047 FRÖHLICHES HAUS

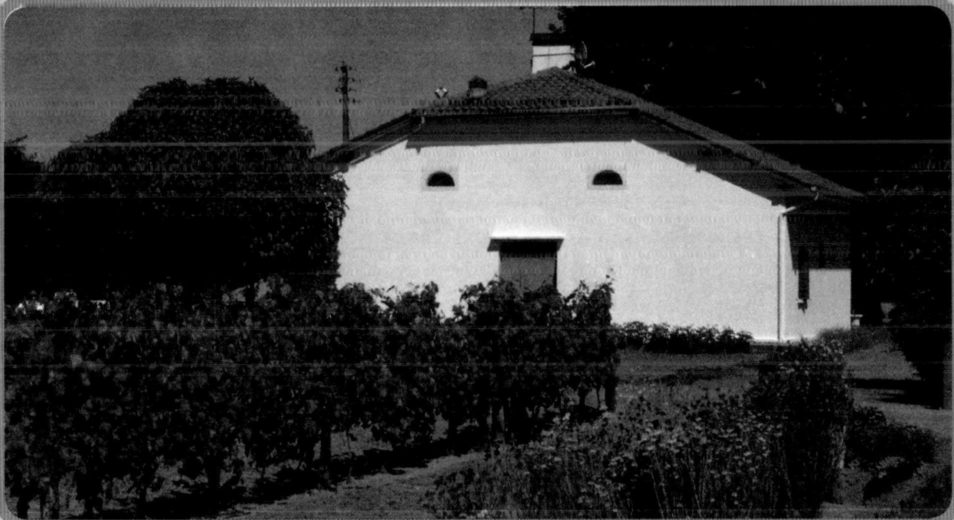

## 048 GRINSENDER STREU-SALZBEHÄLTER

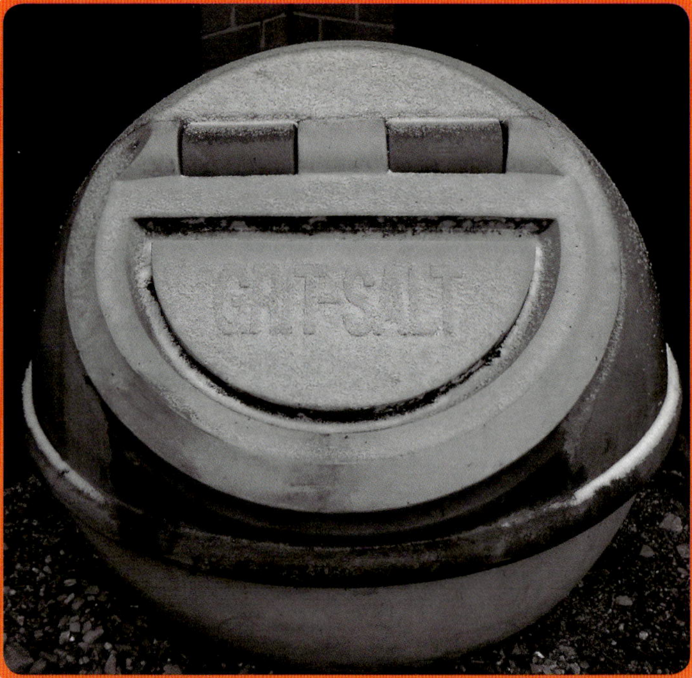


## 049 R2-D2-PROTOTYP

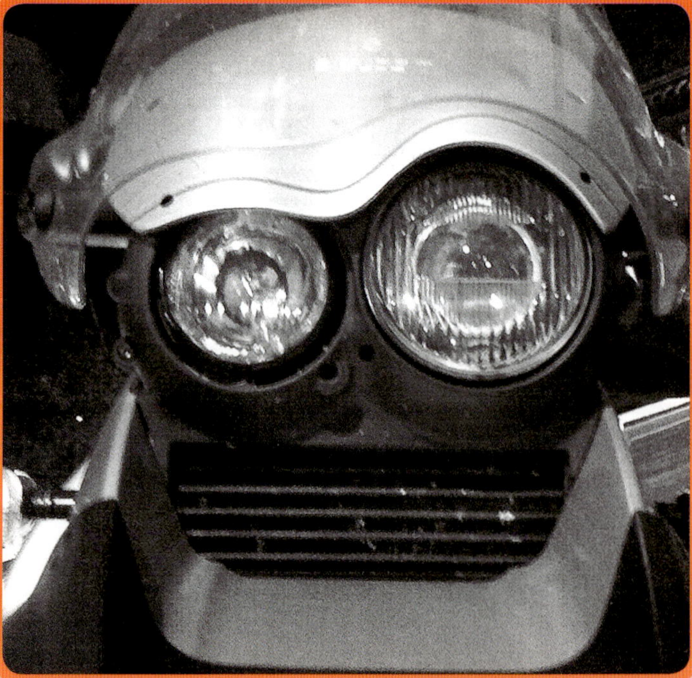

## 050 BRÜLLENDER BAUMSTAMM

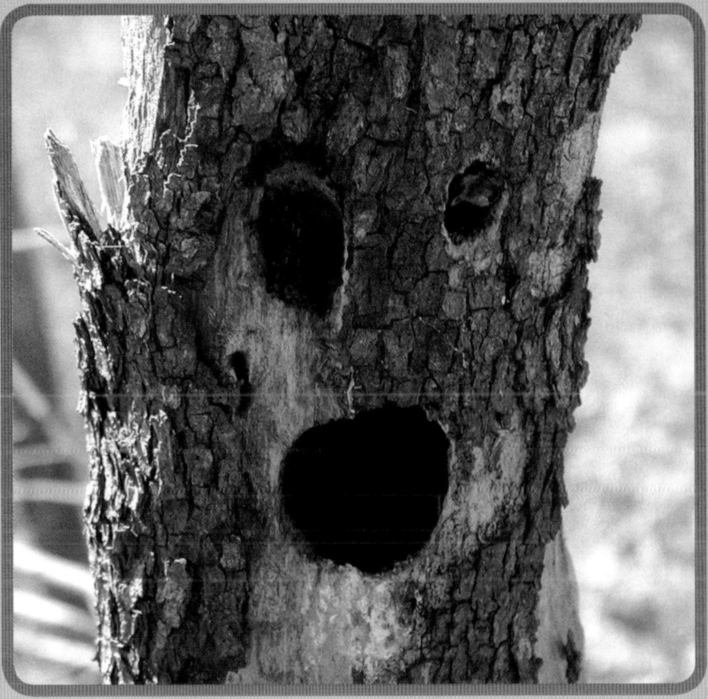

## 051 FROSCHGESICHT

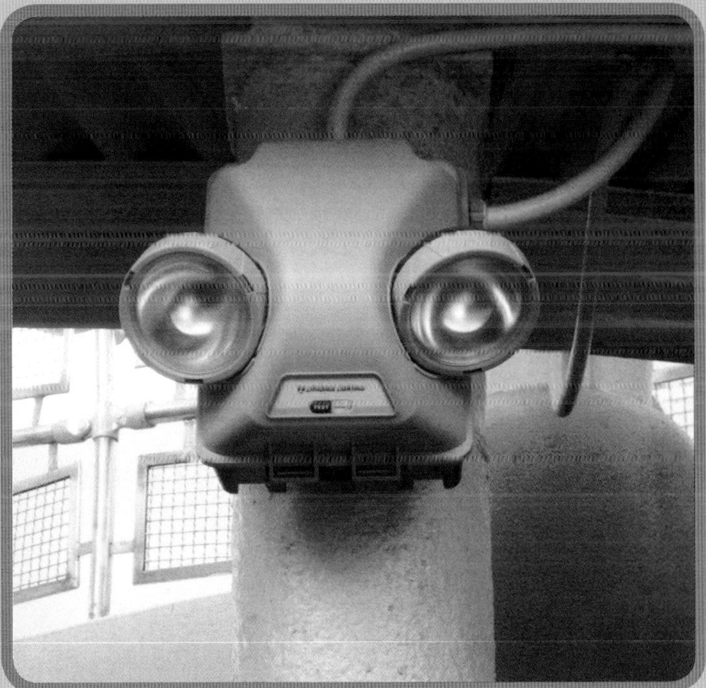

## 052 POLYCOM VSX 7000

Das ist kein Droide aus *Star Wars*, sondern eine Kamera zur Übertragung von Videokonferenzen.

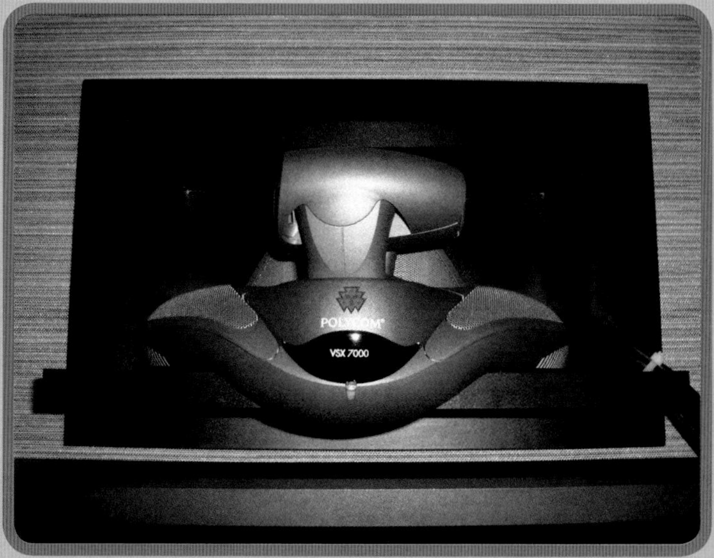


## 053 AUFGEPASST!

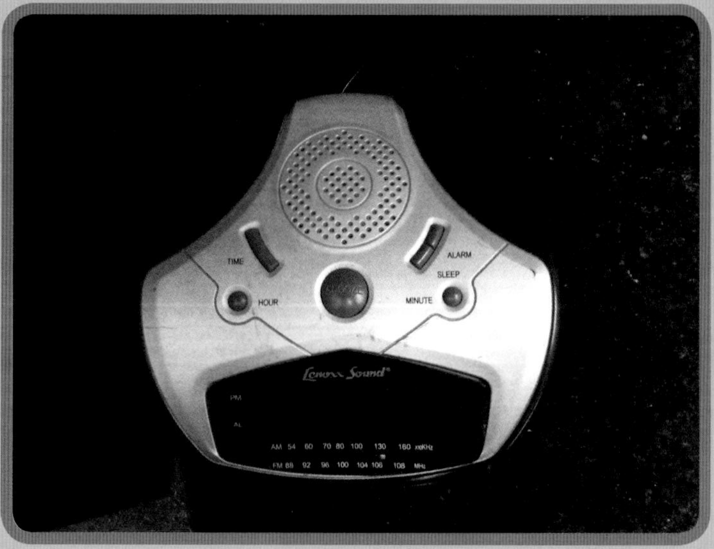

## 054 SHIP ROCK

Felsformation im Medicine Lodge State Park.

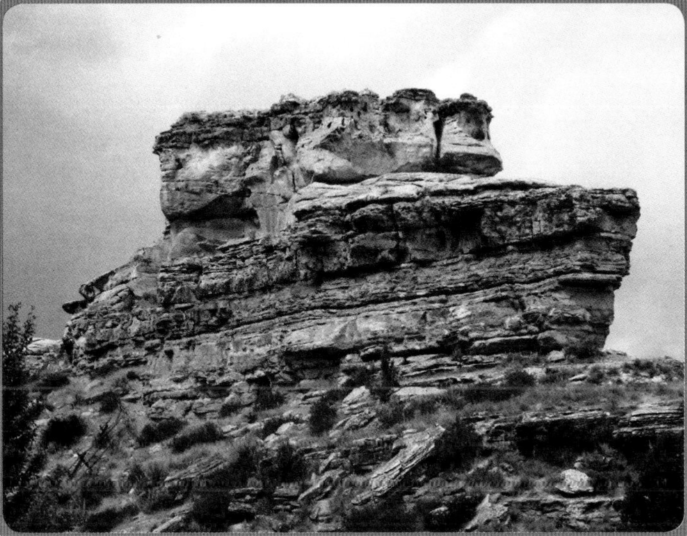

## 055 SHIP ROCK

Der markante Ship Rock im Reservat Navaho Indian Nation in der Nähe der Stadt Shiprock, New Mexico.

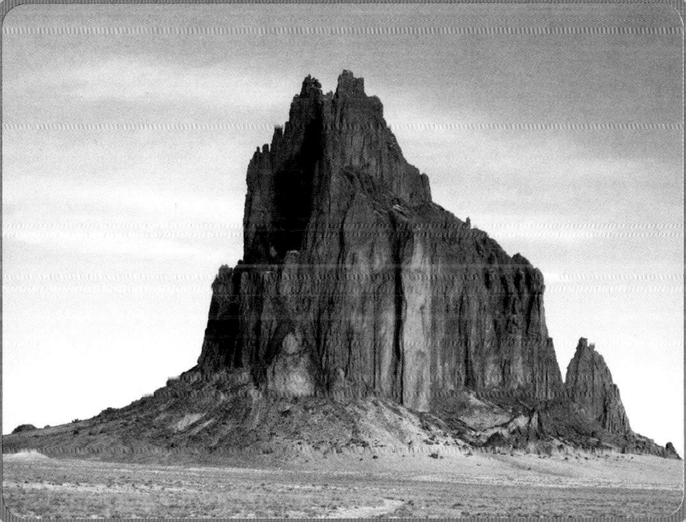

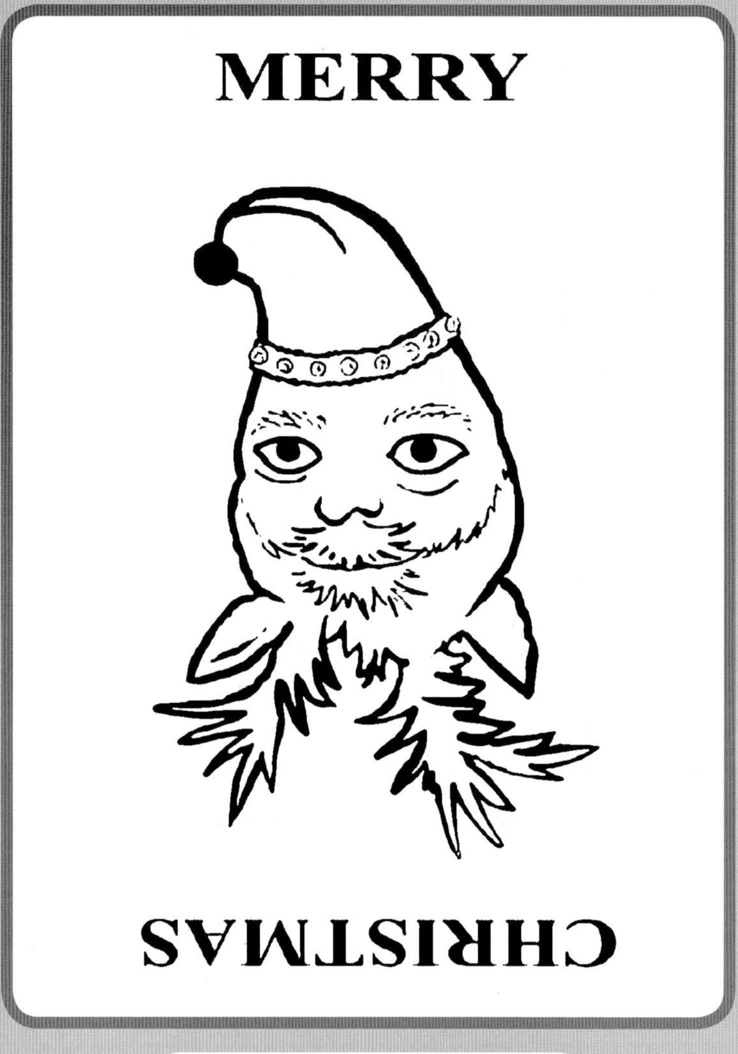


## 056 UMGEKEHRTE WEIHNACHTEN

Helfen Sie Väterchen Frost, sein Rentier zu finden!

# DREHBILDER

Drehbilder, im Englischen als Topsy-Turvies bekannt, zeigen unterschiedliche Szenen, je nachdem ob man sie „normal" oder „auf dem Kopf stehend" betrachtet. Man muss das Bild drehen, um beide Aspekte zu erkennen. Häufig werden dabei bewusst Gegensätze in einem einzigen Bild dargestellt. Zu einigen der hier vorgestellten Bilderrätsel finden Sie zusätzliche Erklärungen zur jeweiligen Ansicht.

Drehbilder sind zudem anamorphotische, also absichtlich verzerrte Abbildungen, weil zwei unterschiedliche Aspekte in einem einzigen Bild dargestellt werden sollen. Man muss die Gestalten möglichst unvoreingenommen anschauen, um beide Darstellungen zu erfassen.

Stellen Sie sich darauf ein, die folgenden Bilder auch kopfüber zu betrachten.

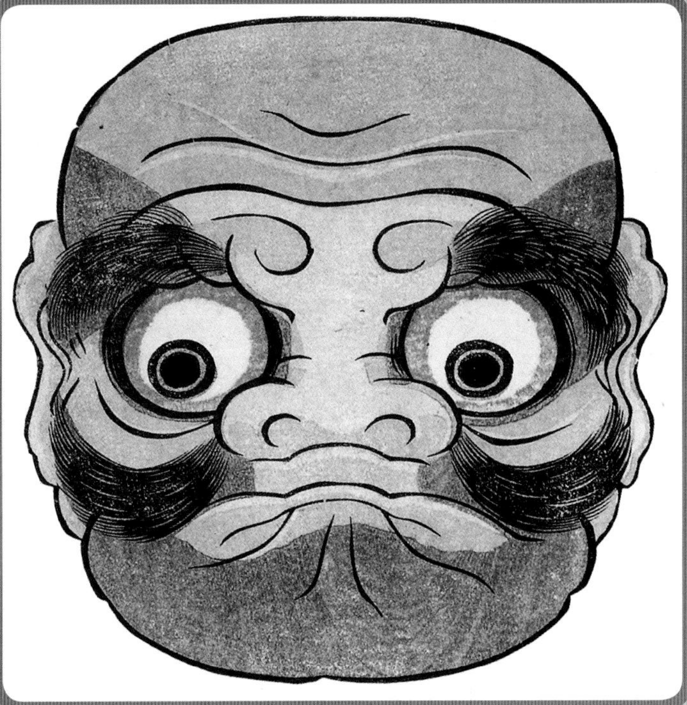

## 057 GRIMMIGER GESELLE

Eine alte japanische Grafik zeigt diesen grimmigen Gesellen. Können Sie ihn aufheitern?

## 058 ALTER HERR

Dieser alte Herr blickt tief enttäuscht und voll Bedauern auf das Leben. Können Sie seine Einstellung ändern?

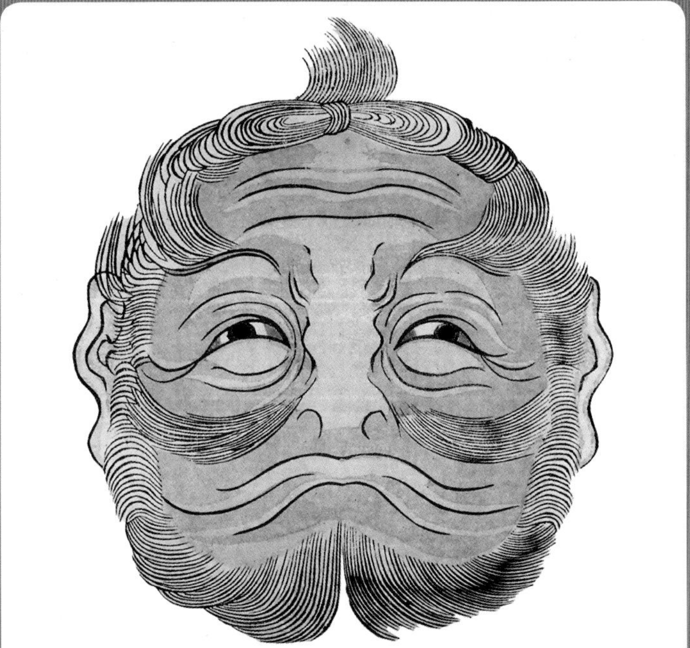

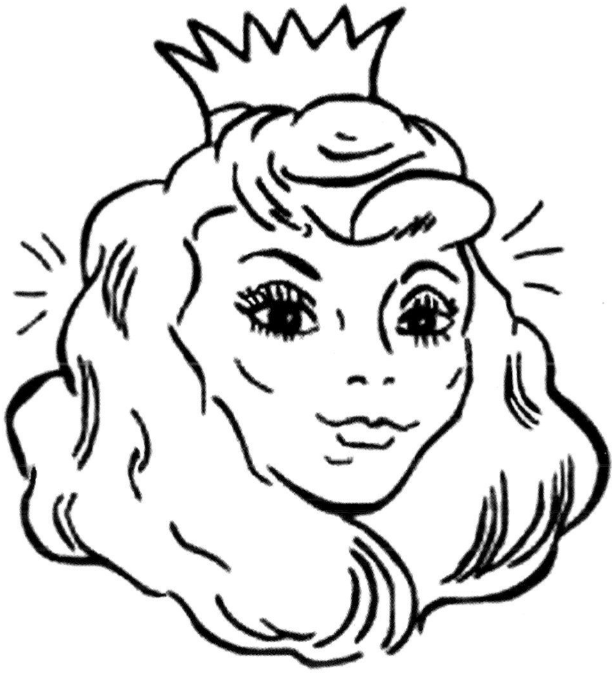

## 059 JUNG UND ALT

Eine Abbildung, zu der der Untertitel „Vor den acht Bier und danach" gut passen würde.

## 060 VATER UND SOHN

Dieser alte Holzschnitt zeigt gleichzeitig Vater und Sohn.

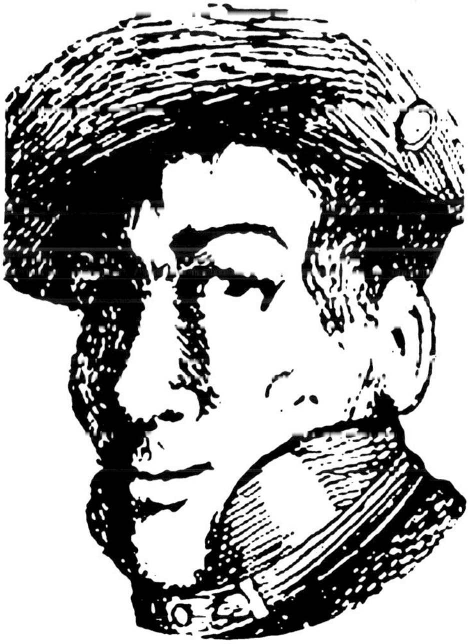

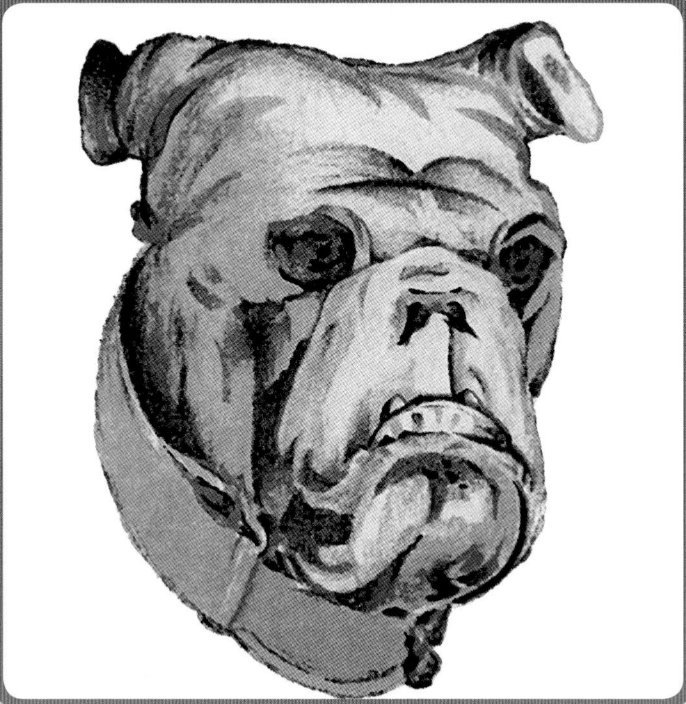

## 061 KAISER-BULLDOGGE

Diese britische Bulldogge stammt aus einer populären, im Ersten Weltkrieg veröffentlichen Serie von Topsy-Turvies. Auf den Kopf gedreht, zeigt das Bild den deutschen Kaiser „auf der Flucht".

## 062 KAISER – KITCHENER 1

Das ist Kaiser Wilhelm II., doch wo ist sein britischer Widersacher, der Kriegsminister Lord Kitchener?

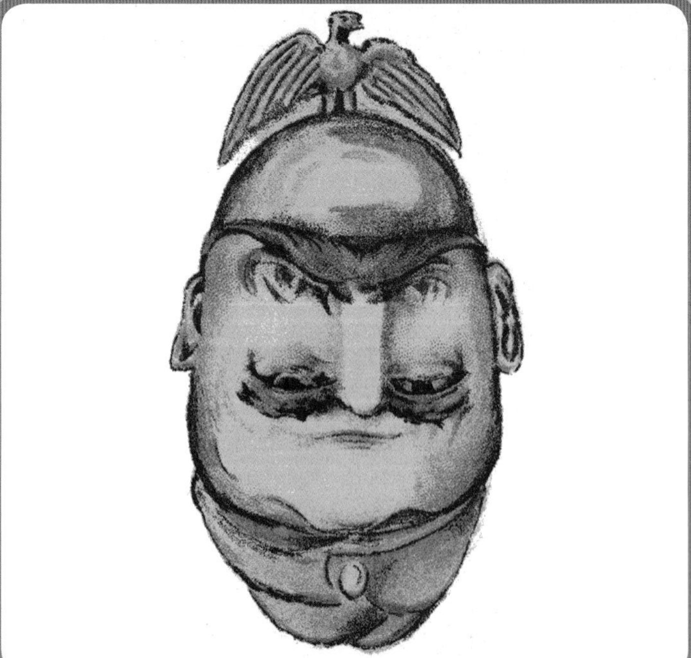

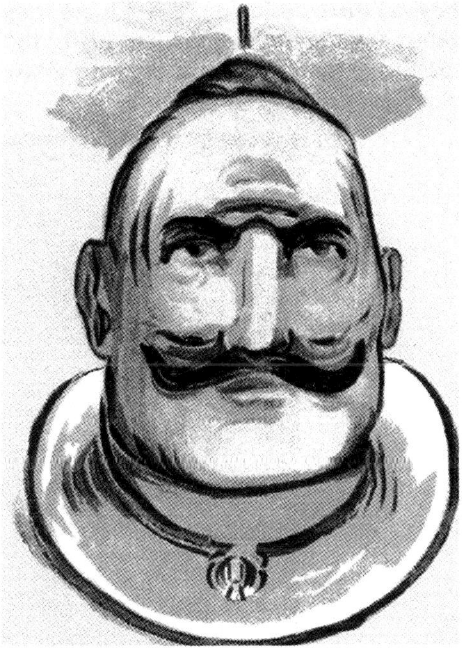

## 063 KAISER – KITCHENER 2

Auch hier sind die beiden Widersacher in einem Bild vereint.

## 064 KAISER – KITCHENER 3

Hier blickt der Kaiser besorgt zur Seite, Lord Kitchener dagegen zwinkert und lächelt.

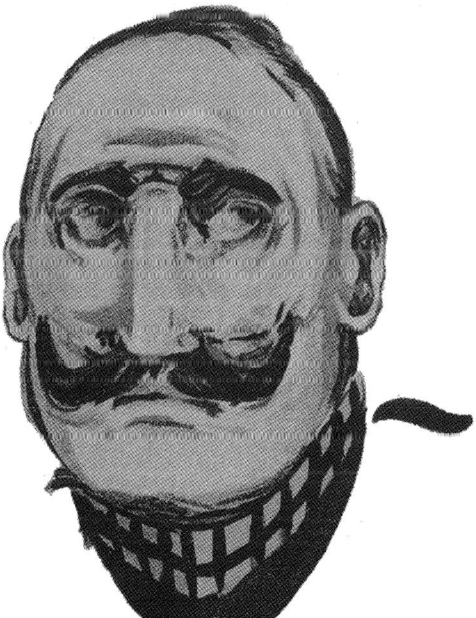

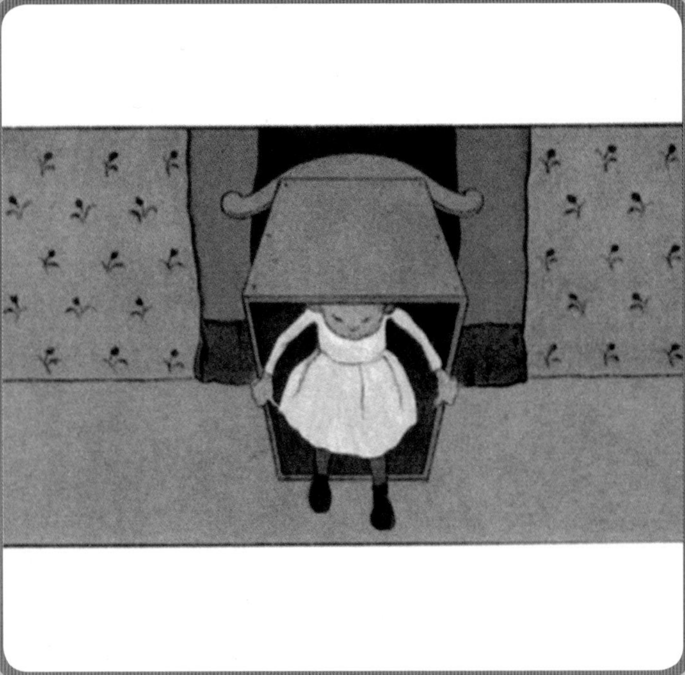

## 065 PETER NEWELL 1

Der Grafiker Peter Newell zeichnete verschiedene Comicgeschichten, wie die von Fernando und seiner Wiege.

Peter Newell, *Topsys and Turvys*, 1893

Fernando schleppt seine große, schwere Wiege herein.

Er stellt sie dann auf einen Teppich und schläft umgehend ein.

## 066 PETER NEWELL 2

Ein Cartoon von Peter Newell über Piggy und die Wölfe.

Peter Newell, *Topsys and Turvys,* Nummer 2, 1894

Zwei magere graue Wölfe warten den ganzen Tag in der Hoffnung auf ein Schwein.

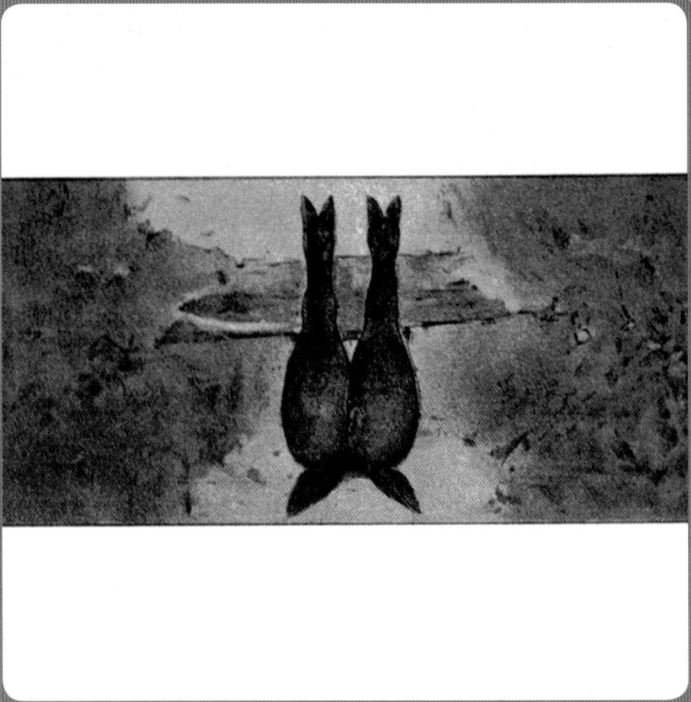

Doch Piggy roch den Braten und fiel nicht darauf rein.

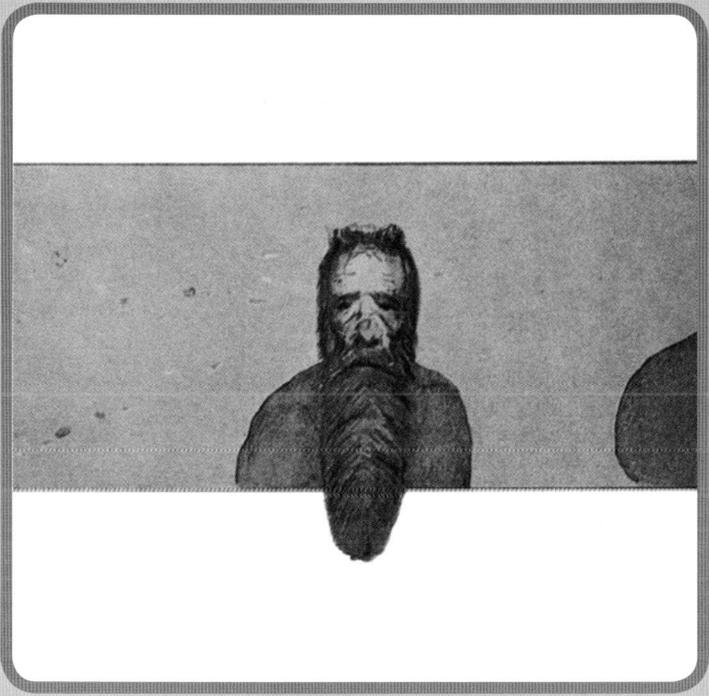

## 067 PETER NEWELL 3

Peter Newell wurde durch seine Topsy-Turvy-Bücher und Cartoons sehr bekannt. Viele Amerikaner beschäftigten sich begeistert mit seinen Drehbildern.

Peter Newell, *Topsys and Turvys*, Nummer 2, 1894

Ein Eremit mit langem, rotem Bart lebte an einem einsamen Ort.

Das Eichhörnchen schaute verwundert auf sein grimmiges Gesicht.

## 068 FEHLENDER MÖNCH

Ein Mönch wendet sich Rat suchend an seinen Prior. Doch wo versteckt sich sein Zwillingsbruder?

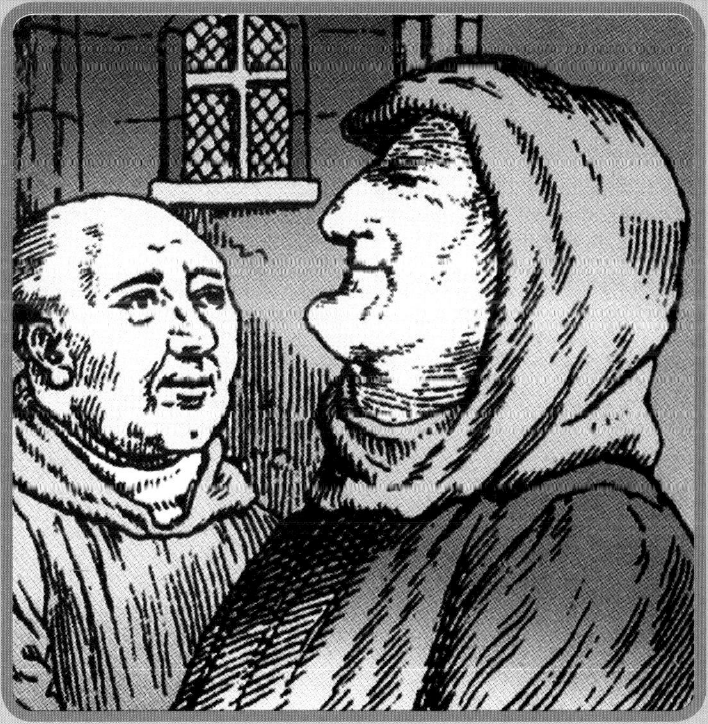

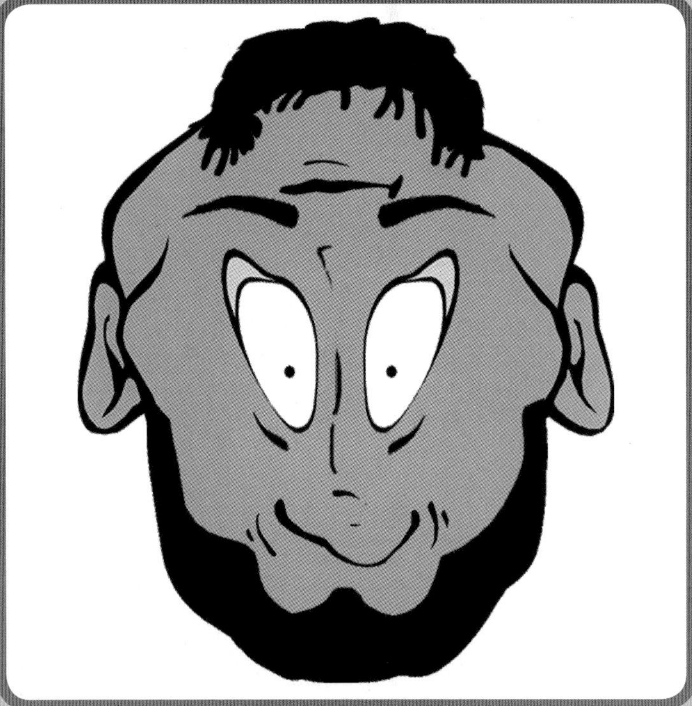

## 069 ZWEI LUSTIGE GESICHTER

Haben wir vielleicht alle mehrere Gesichter?

## 070 GEEK UND FREAK

Die Nase macht den Unterschied.

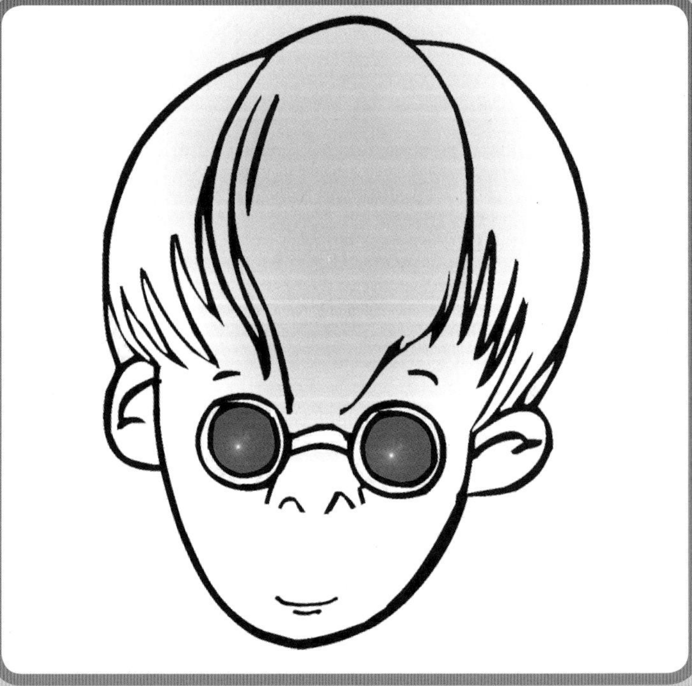

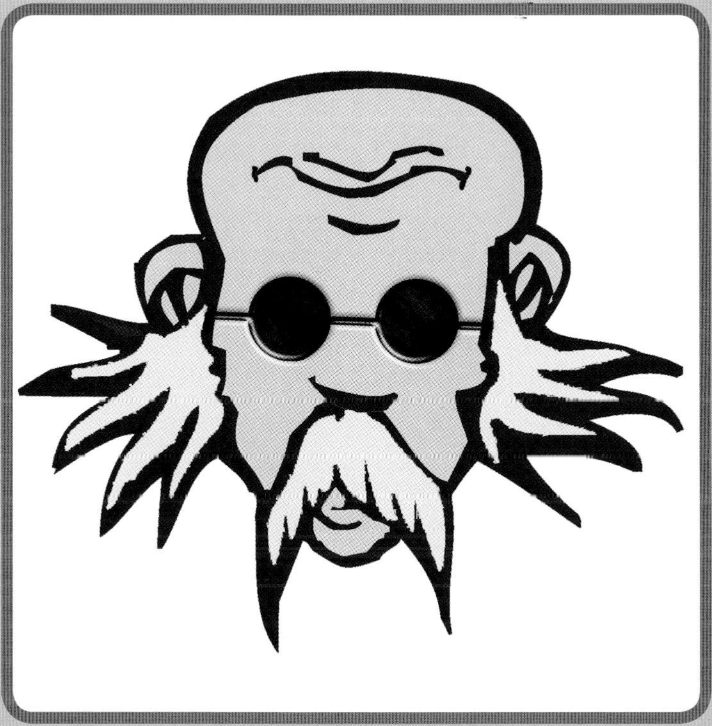

## 071 NOCH ZWEI LUSTIGE GESICHTER

Wir sehen doch wirklich albern aus, oder?

## 072 UND NOCH ZWEI GESICHTER

Der heitere Mann verwandelt sich in einen nachdenklichen Weisen.

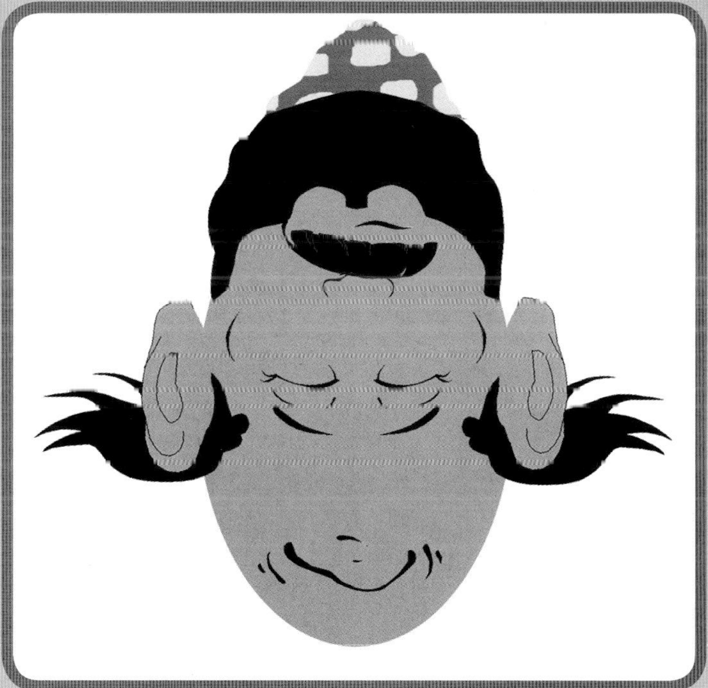

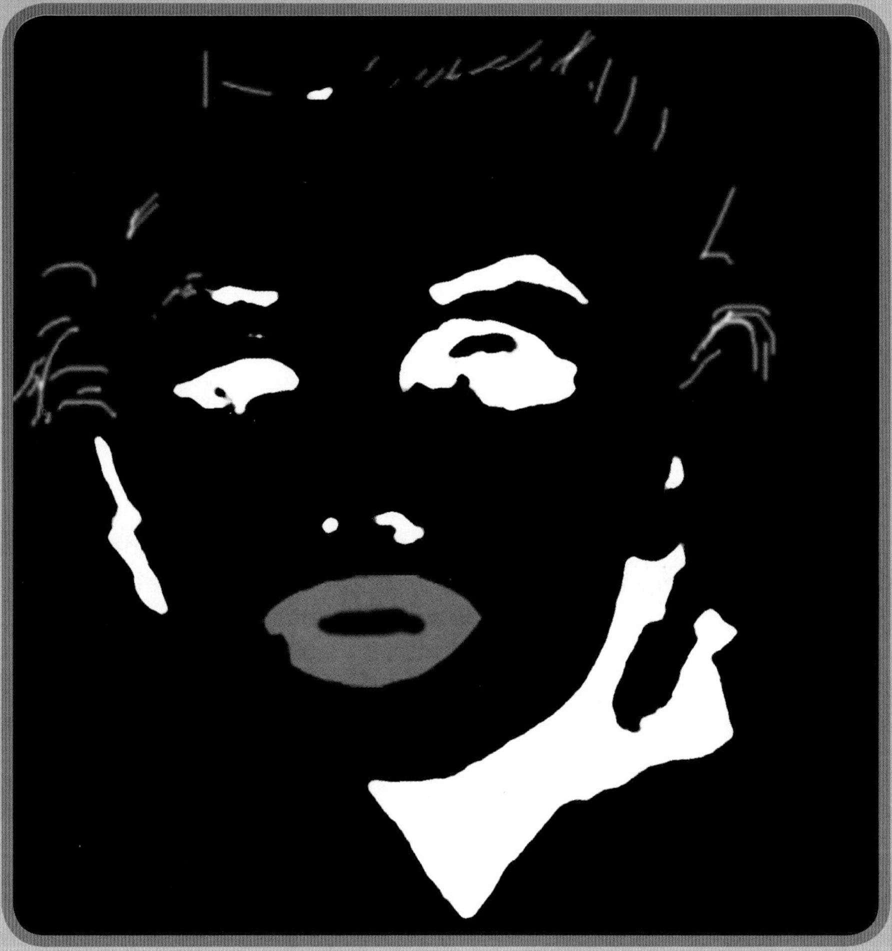

## 073 SCHAUSPIELERIN

Kennen Sie diese Schauspielerin?

Lösung: Marilyn Monroe

# TRÄGHEIT DER AUGEN

## [DAS NACHBILD]

Die Trägheit der Augen ist ein ganz natürliches Phänomen, das immer vorhanden ist, von uns aber meist einfach ignoriert wird. Die durch die Augenträgheit verursachten Nachbilder sind relativ einfach wahrzunehmen, halten aber nicht sehr lange an. Zunächst muss man, ohne die Augen zu bewegen, auf das Bild starren. So werden die Rezeptoren im Auge gewissermaßen „aufgeladen". Wenn man die Augen auch nur geringfügig bewegt, werden andere Sensoren gereizt, und man muss von vorne beginnen. Meistens genügen etwa 15 Sekunden, um ein ausreichend intensives Nachbild zu erzeugen. Je länger man hinschaut, umso stärker wird es sein. Bei etwa 30 Sekunden wird die maximale Wirkung erreicht.

Sobald die Rezeptoren „aufgeladen" sind, richtet man den Blick auf eine leere Fläche, beispielsweise auf ein Blatt Papier oder eine Wand. Eine neutrale Fläche eignet sich gut, weil sie keine störenden Elemente aufweist. Sobald sich die Augen und die Rezeptoren entspannen, erscheint das Nachbild auf der Retina (Netzhaut). Dieses Bild scheint sich mit den Augenbewegungen zu verschieben, bevor es dann rasch verblasst.

Fasziniert werden Sie feststellen, dass ein Nachbild immer genau in der entgegengesetzten Farbe des Originals erscheint. Eine schwarze Abbildung erzeugt ein weißes Nachbild, eine rote ein grünes, eine blaue ein orangefarbenes und so weiter. Betrachtet man ein Farbnegativ, so wird anschließend ein ganz normal gefärbtes Nachbild produziert. Einige der hier vorgestellten Nachbildillusionen stellen sich bereits direkt beim Betrachten der Abbildungen ein. Viel Spaß damit!

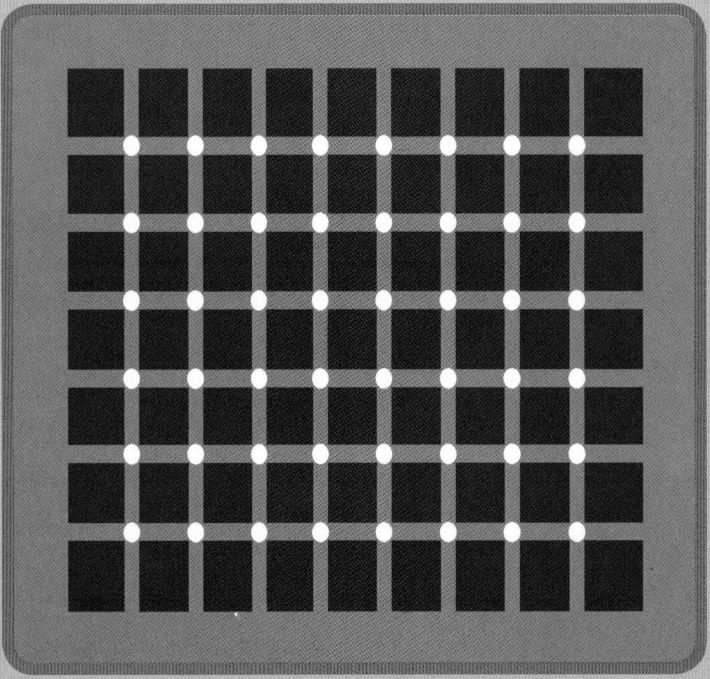

## 074 SCHWARZE PUNKTE – WEISSE PUNKTE

Die weißen Punkte in diesem Gitter blitzen wie zufällig als schwarze Punkte auf, wenn man den Blick über die Abbildung schweifen lässt. Die schwarzen Punkte tauchen immer dort auf, wo man gerade nicht hinschaut. Werden sie fixiert, dann verschwinden sie. Dies sind Nachbilder in Echtzeit, die direkt beim Betrachten auftauchen.

## 075 SCHWARZER PUNKT – GRAUER PUNKT

Mit dieser einfachen Nachbildillusion können Sie Ihre Fähigkeiten testen. Fixieren Sie einige Sekunden lang den schwarzen Punkt links, dann schauen Sie ins Zentrum des schwarzen Quadrats rechts. Als Nachbild sollte ein umherwandernder grauer Punkt im rechten Quadrat erscheinen.

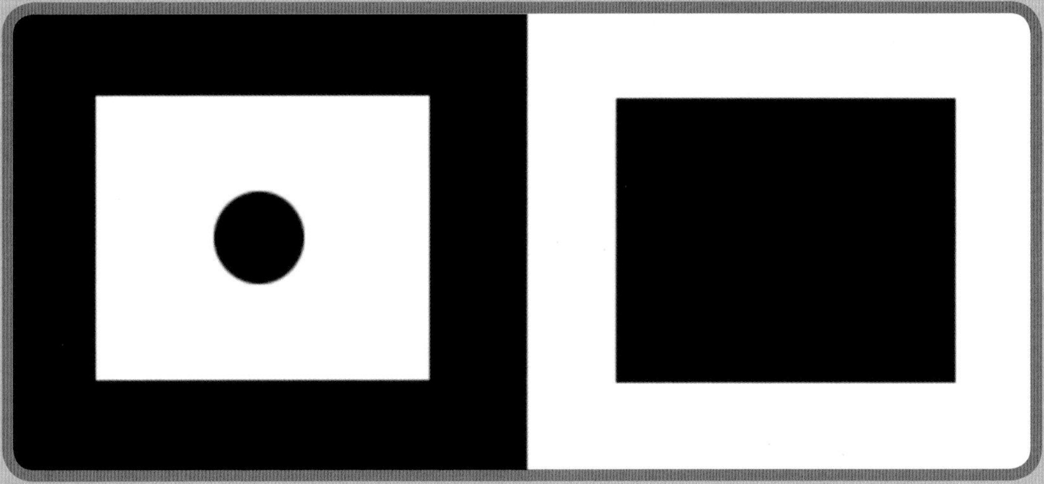

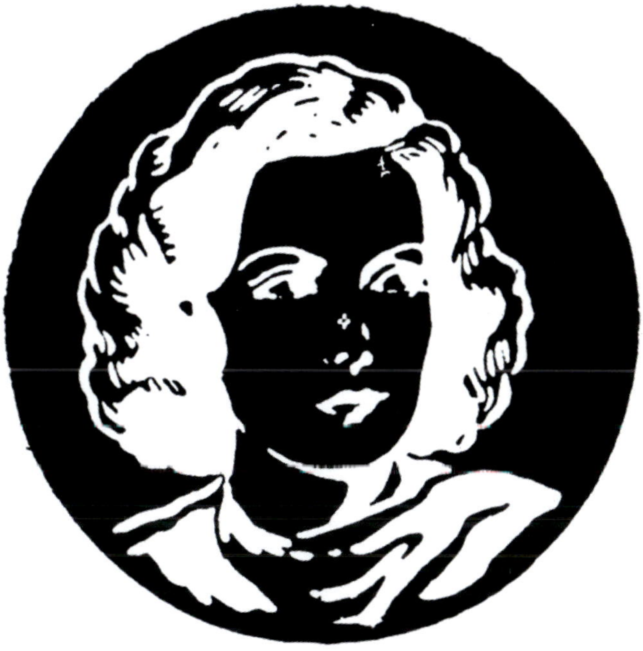

## 076 BERÜHMTE SCHAUSPIELERIN

Können Sie diese berühmte Schauspielerin identifizieren?

Lösung: Greta Garbo

## 077 EINE VEREHRTE SCHAUSPIELERIN

Wie heißt diese von vielen verehrte Schauspielerin?

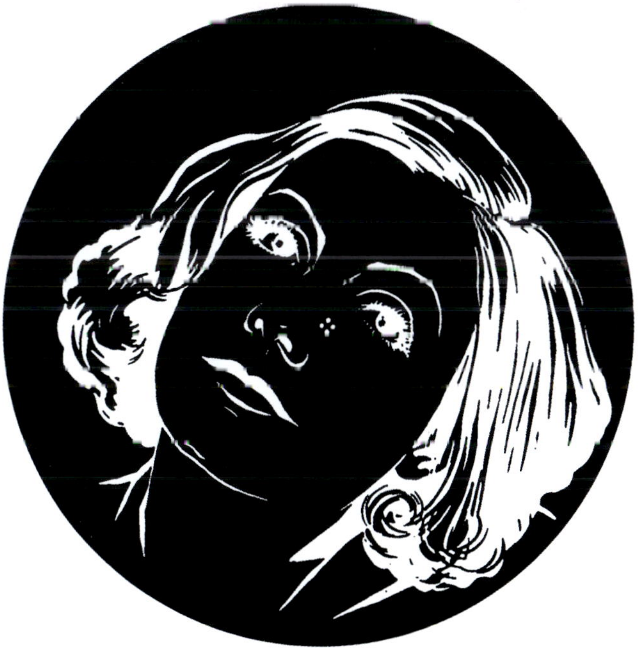

Lösung: Greta Garbo

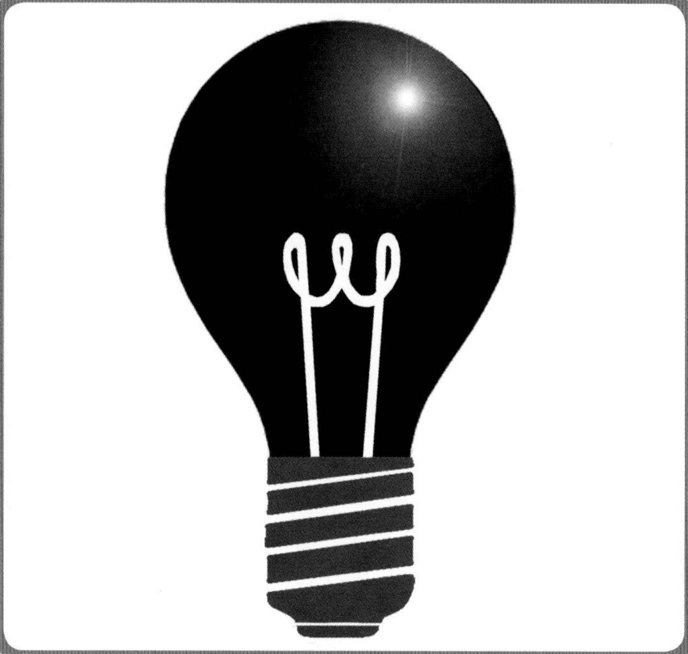

## 078 GLÜHBIRNE

Bringen Sie diese Glühbirne mit Ihrer Willenskraft – und den Sensoren Ihrer Augen – zum Leuchten.

## 079 YORICKS SCHÄDEL

In Shakespeares Drama *Hamlet* taucht der tote Hofnarr Yorick als bleicher Schädel auf. Hamlet hält den Totenkopf empor und klagt: „Ach, armer Yorick! Ich kannte ihn …" Doch erst im Nachbild erscheint der berühmte Schädel in seiner typischen weißen Färbung.

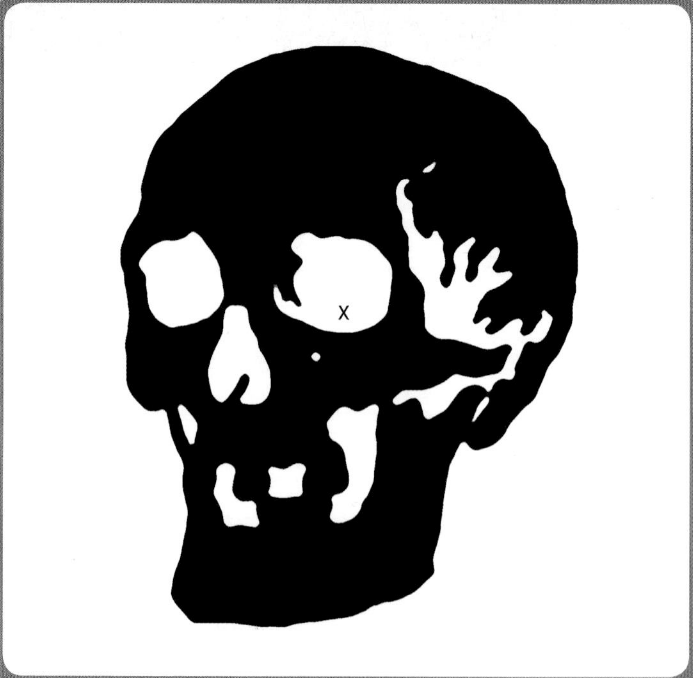

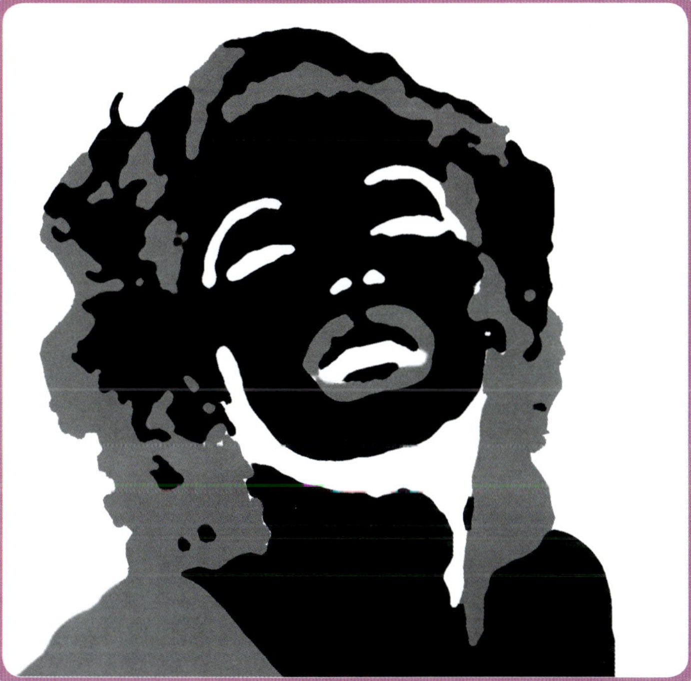

## 080 GOOD-BYE NORMA JEAN

Lebe wohl, Norma Jean! Kennen Sie den Namen dieser Schauspielerin?

Lösung: Marilyn Monroe

## 081 BERÜHMTES GEMÄLDE

Dies ist ein weltberühmtes Porträt. Erkennen Sie das Gemälde?

Lösung: *Mona Lisa* von Leonardo da Vinci

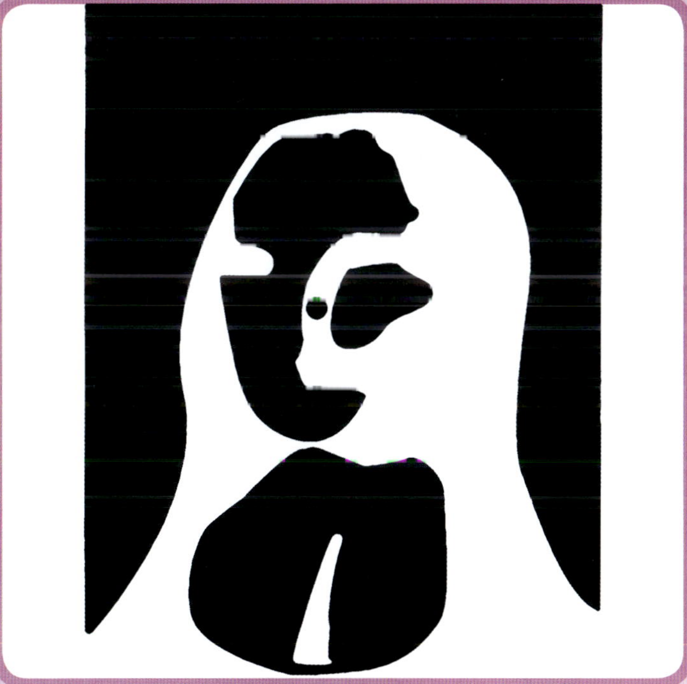

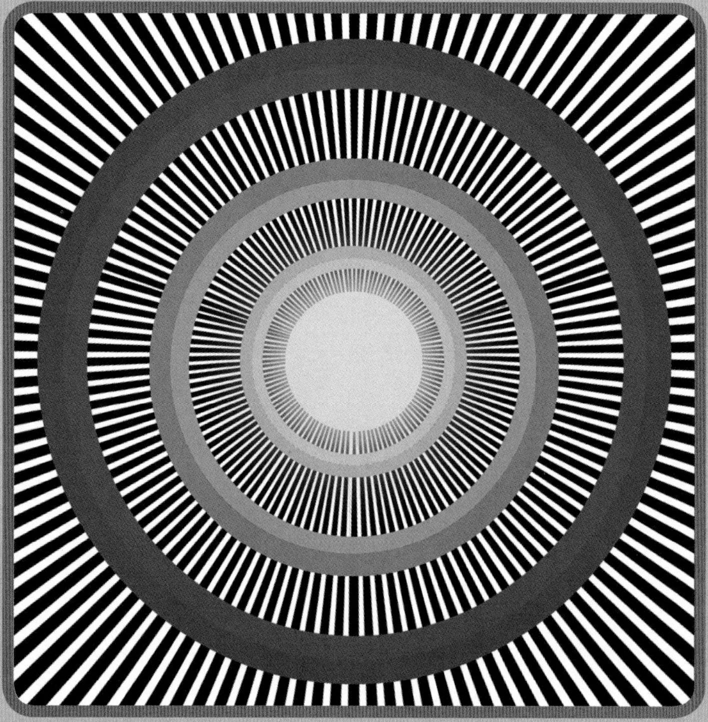

## 082 PARTIKEL

Wenn Sie diese Abbildung anschauen, werden plötzlich geisterhafte Partikel auftauchen, die als Nachbilder in den Kreisen schwirren.

## 083 FLECKEN

Blicken Sie einige Sekunden starr auf dieses Bild, dann schwenken Sie Ihre Augen leicht zur Seite. Zwischen den schwarzen Punkten tauchen auf einmal weiße Flecken auf.

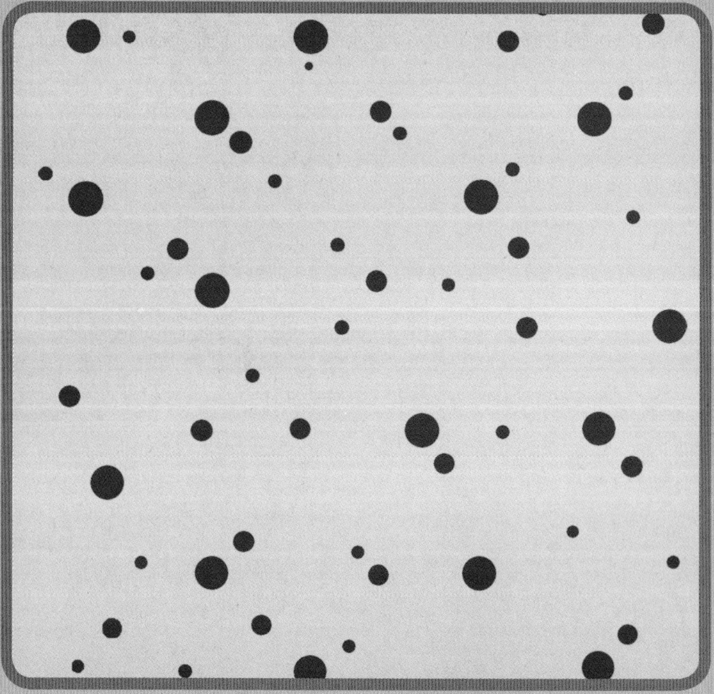

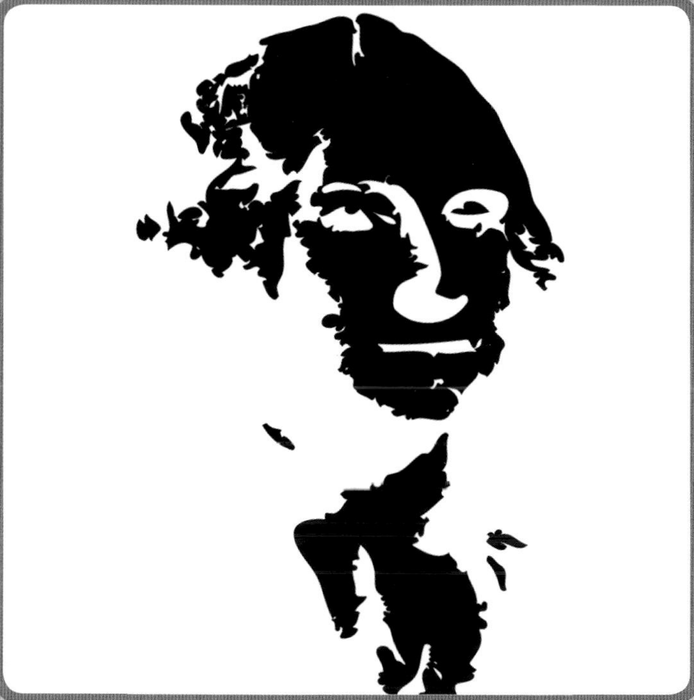

## 084 US-PRÄSIDENT

Wie heißt dieser bekannte amerikanische Präsident?

Lösung: George Washington

## 085 BRITISCHE KÖNIGIN

Erkennen Sie diese britische Monarchin?

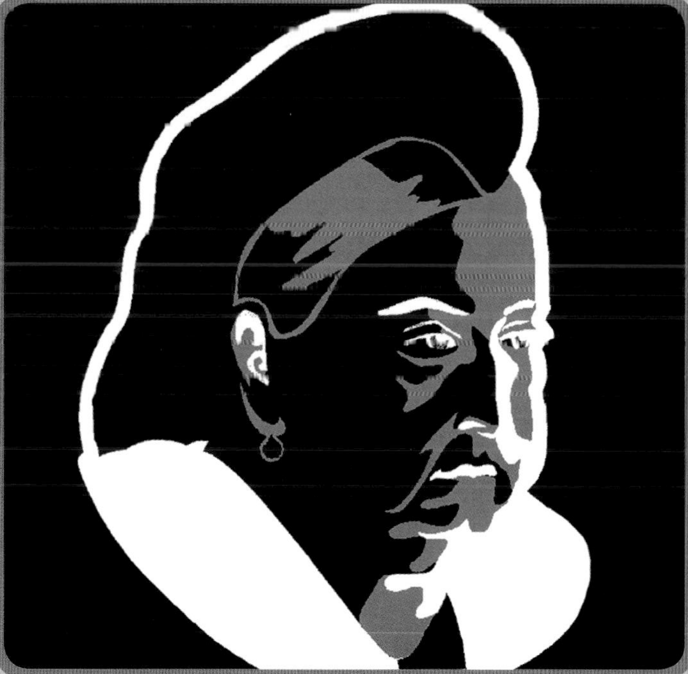

Lösung: Königin Viktoria

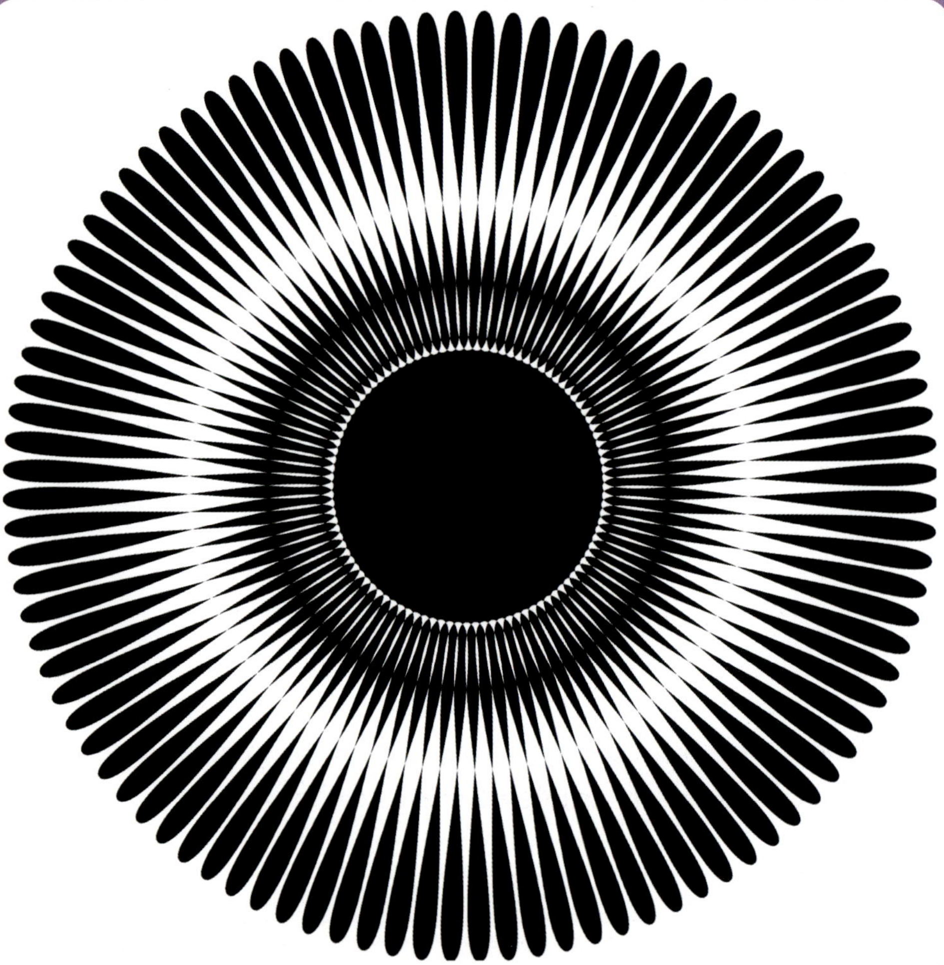

## 086 STERN MIT 100 STRAHLEN

Diese geometrische Figur ist ein verzerrter Stern mit 100 Strahlen. Die Geometrie bewirkt eine Kontrastanomalie im hellen Ring, wo die Strahlen spitz zulaufen. Das Weiß erscheint hier heller, obwohl es mit dem Weiß im übrigen Bild identisch ist.

# KONTRAST-ANOMALIEN

Kontraste bewirken, dass Dinge einander gegenübergestellt und verglichen werden. Wir sind Meister in der Kunst des Vergleichens und vergleichen alles mit allem. In gewisser Weise ist es dieses Vergleichen, durch das wir uns im dreidimensionalen Raum zurechtfinden. Besonders gerne vergleichen wir aber Farben.

Farben betreffen uns in einer sehr direkten Weise. Wir beschreiben sie mit Begriffen wie heiß, kalt, warm oder sanft, und die meisten von uns haben eine Lieblingsfarbe. Völker ziehen sogar voller Stolz mit ihren Nationalfarben geschmückt in den Krieg. Farben können auch ganz subtil auf uns wirken. Kontrastillusionen eignen sich hervorragend, um kleine Fehler im Sehvermögen von Farben sichtbar zu machen.

Eine Farbe beeinflusst immer auch alle benachbarten Farben. Umgibt man einen kleinen Fleck dunkler Farbe mit viel heller Farbe, wird die dunkle Farbe heller erscheinen, als sie tatsächlich ist. Maler setzen diesen Kunstgriff seit Jahrhunderten sehr wirkungsvoll ein. Und ein Katzenzüchter sagte einmal: „Um eine wirklich weiße Katze zu haben, schaff dir auch zwei schwarze Katzen an."

Damit Kontrastillusionen wirken, muss man sie nur betrachten, dann stellt sich der Effekt ganz automatisch ein. Da wir Menschen das Gegenüberstellen und Vergleichen so verinnerlicht haben, werden Sie die folgenden optischen Täuschungen bestimmt faszinierend finden.

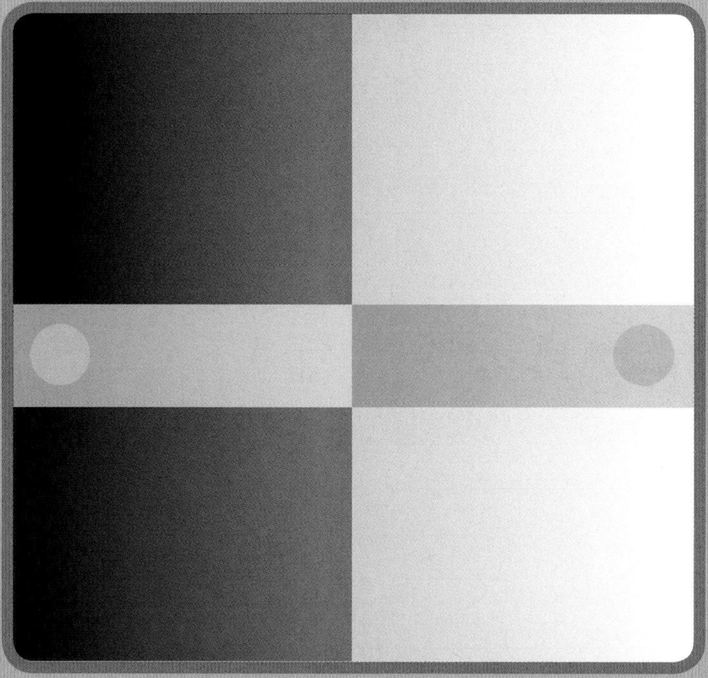

## 087 KONTRASTIERENDE PUNKTE

Dies ist ein schönes Beispiel für eine Kontrastillusion. Die grauen Punkte sind hinsichtlich Farbe und Tönung völlig identisch, wirken aber unterschiedlich.

## 088 CORNSWEET-ILLUSION

Die Cornsweet-Illusion ist ein gutes Beispiel für die Überbetonung von Kontrasten. Die Grautöne in beiden Hälften des Bilds sind nämlich identisch. Die linke Hälfte erscheint aber dunkler, weil die dunkle Tönung von der schmalen Trennlinie in der Mitte ausstrahlt. Verdeckt man diese Trennlinie mit einem Stift, einem Papierstreifen oder einem Finger, erkennt man, dass beide Seiten gleichmäßig grau gefärbt sind.

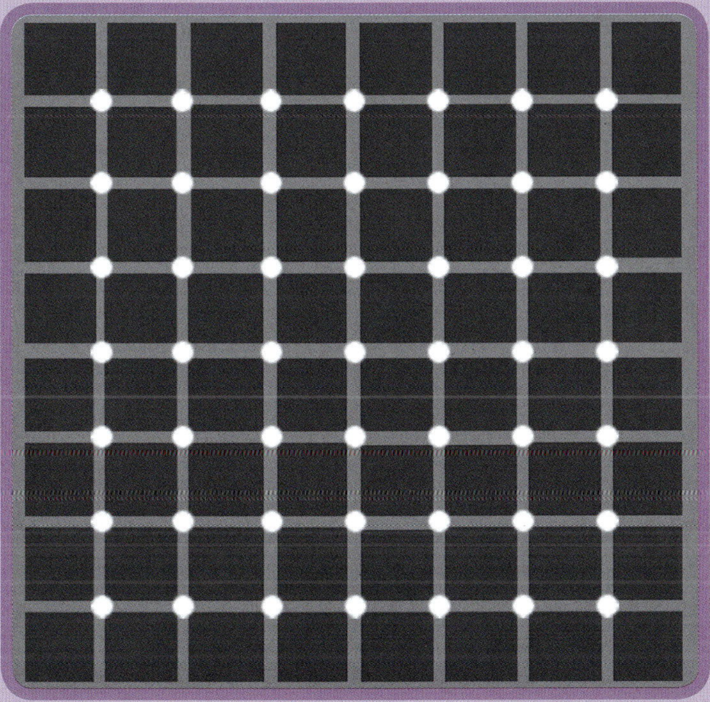

## 089 AUFBLITZENDE PUNKTE

Diese Illusion beruht nicht nur auf Nachbildern, sondern auch auf einer Kontrastillusion. Die weißen Punkte sehen heller aus, weil sie jeweils von großen schwarzen Bereichen umgeben sind, wodurch der Eindruck der Nachbilder verstärkt wird. Wenn man das Bild fixiert, blitzen die Punkte auf und verlöschen wieder.

## 090 KRINGEL AUF EINEM TISCHTUCH 1

Diese Anordnung von Kringeln auf einem Tischtuch ist ein Kontrastexperiment. Die Kringel sind farblich identisch. Die verschiedenen Grautöne des Hintergrunds demonstrieren, wie diese die Wahrnehmung der Kringel beeinflusst.

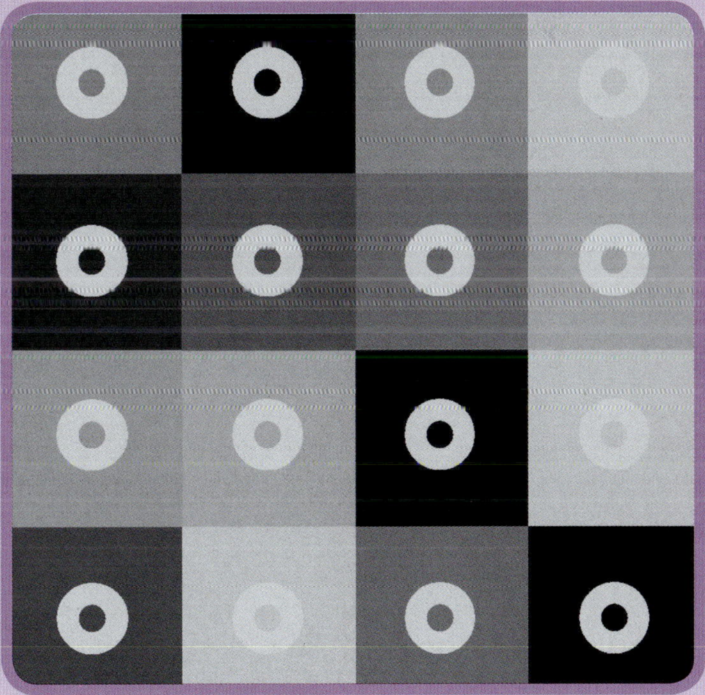

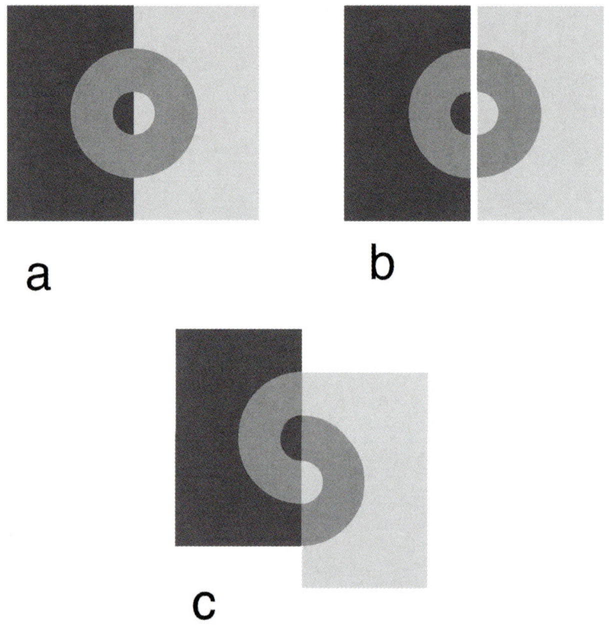


## 091 KRINGEL AUF EINEM TISCHTUCH 2

Dies ist eine Variante des Experiments mit Kringeln auf einem Tischtuch.

## 092 KONTRASTIERENDE STRICHE

Die aus schwarzen und weißen Querstrichen gebildeten Zeilen und Reihen dieser Illustration schaffen ein Kontrastchaos auf dem neutralgrauen Hintergrund.

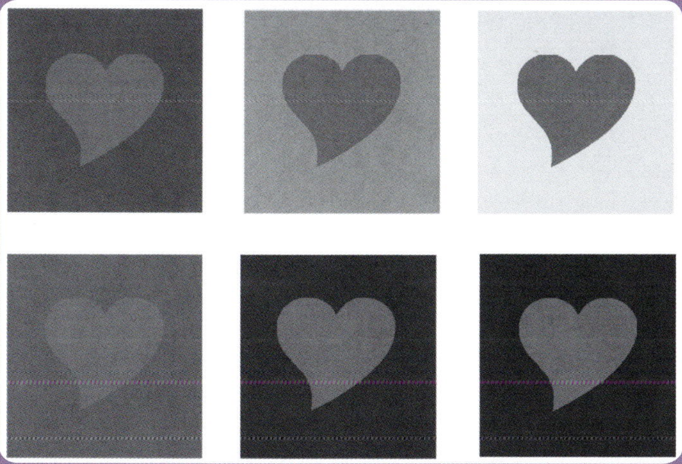

## 093 GRAUE HERZEN

Dieser Entwurf für eine Glückwunschkarte zeigt, welche Kontrasteffekte sich ergeben, wenn identisch grau gefärbte Herzen auf unterschiedlichen Hintergründen abgebildet werden.

## 094 SCHACHBRETT MIT SCHATTEN

Dieses Beispiel präsentiert eine verblüffende Kontrastwahrnehmung. Das Schachbrett ist gleichförmig in hell- und dunkelgraue Felder aufgeteilt. Eine graue Säule wirft einen Schatten über das Brett. Vergleichen Sie Feld A mit Feld B. Sie haben tatsächlich denselben Grauton. Die Quadrate um B sind dunkler, weil sie im Schatten liegen, sie lassen B dadurch heller erscheinen. Quadrat A ist überwiegend von hellen Quadraten umgeben, wodurch A dunkler wirkt. Hier werden die beiden Kontrastillusionen zu einem erstaunlichen Gesamteindruck kombiniert.

Originalzeichnung: R. Beau Lotto

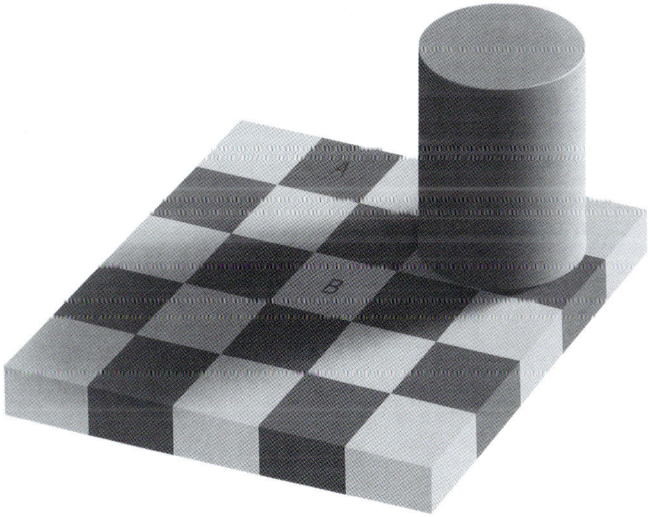

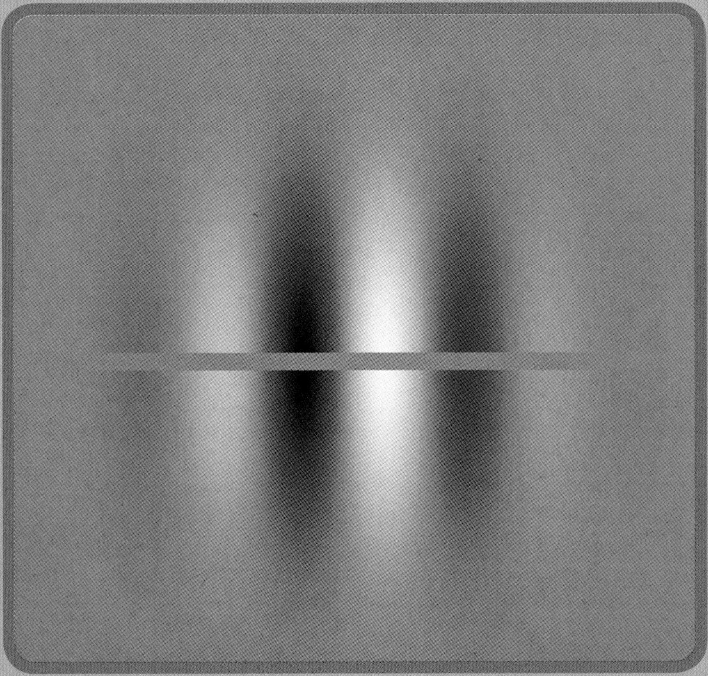

## 095 MCCOURT-EFFEKT

Auf dieser Abbildung sieht man eine raffinierte Variation des Hintergrundeffekts. Der Querbalken ist durchgehend einheitlich grau gefärbt.

## 096 OUCHI-ILLUSION

Die sogenannte Ouchi-Illusion lässt einen verwirrenden Kontrasteffekt entstehen. Beim Fixieren des Bilds hebt sich der Kreis im Vordergrund von dem Hintergrundmuster ab, und ein räumlicher Eindruck entsteht.

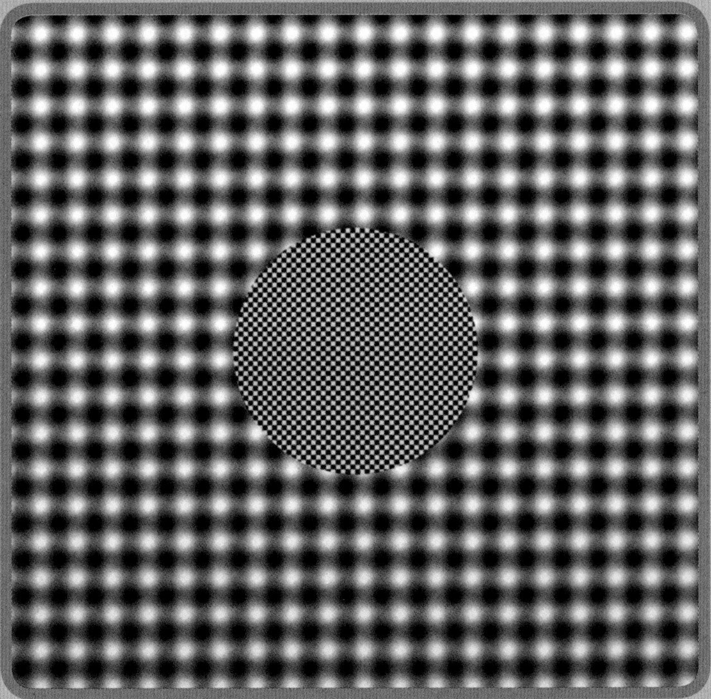

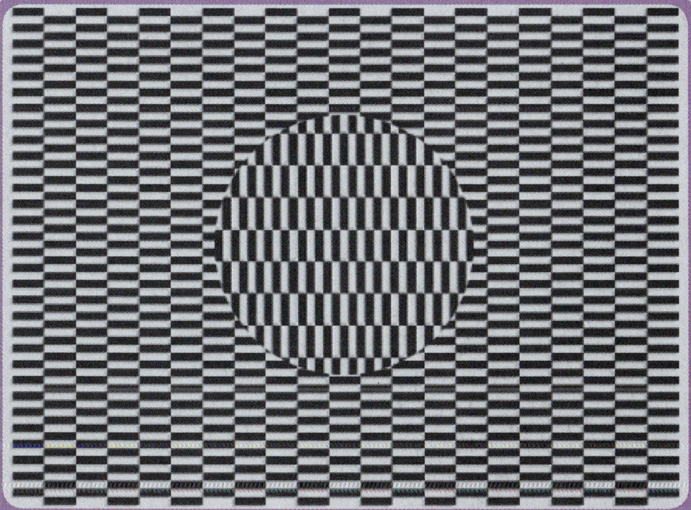

## 097 VARIATION DER OUCHI-ILLUSION

Dies ist eine andere Variante der Ouchi-Illusion (siehe vorherige Seite) mit einem ganz ähnlichen Effekt.

## 098 NADELSTREIFEN-ILLUSION

Die Grautönung ist im gesamten Bild identisch, im inneren Quadrat beeinflusst aber das schwarze Nadelstreifenmuster den Farbeindruck, im äußeren Quadrat wirkt dagegen das weiße Muster.

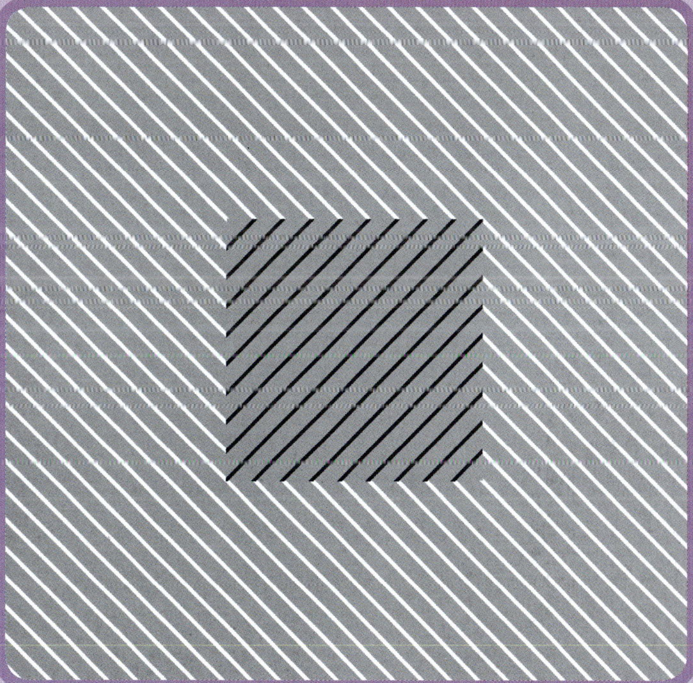

## 099 ZWEIMAL NADELSTREIFEN

Dies ist eine Variante der Nadelstreifen-Illusion (siehe Seite 65).

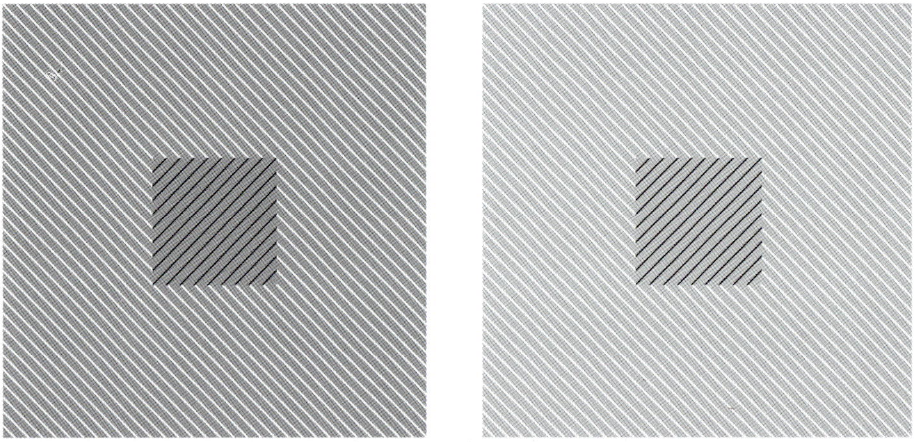

## 100 X-ILLUSION

In dieser Abbildung scheinen die beiden X eine unterschiedliche Grautönung zu haben, obwohl sie doch direkt miteinander verbunden sind.

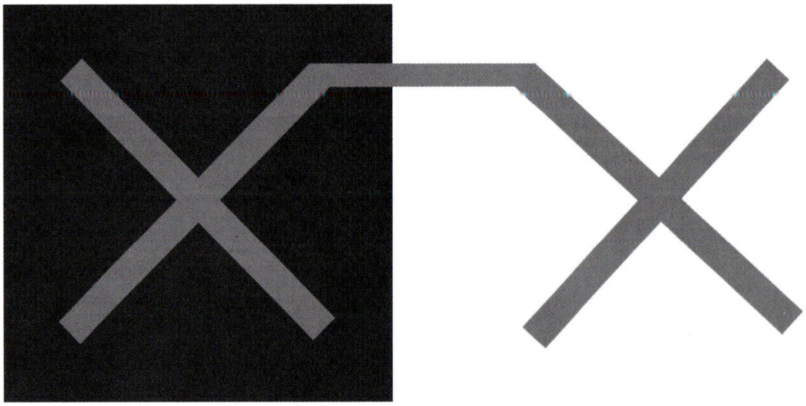

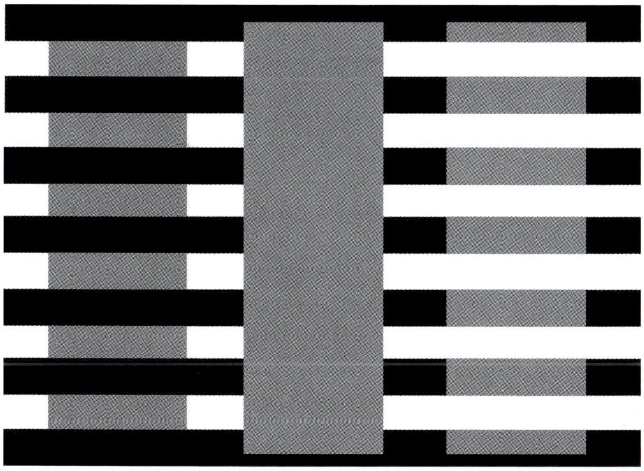

## 101 VERFLOCHTENE BALKEN

Die senkrechten Balken in dieser Illusion haben dieselbe Grautönung. Der erste Balken ist vorrangig von Schwarz umgeben. Beim zweiten Balken ist das Verhältnis von Schwarz und Weiß ausgeglichen. Der dritte Balken ist überwiegend von Weiß umgeben. Für jeden Balken ergibt sich ein unterschiedliches Kontrastverhältnis.

## 102 GITTER VOR WEISS

Die schwarzen Punkte dieser Illustration blitzen beim Betrachten weiß auf.

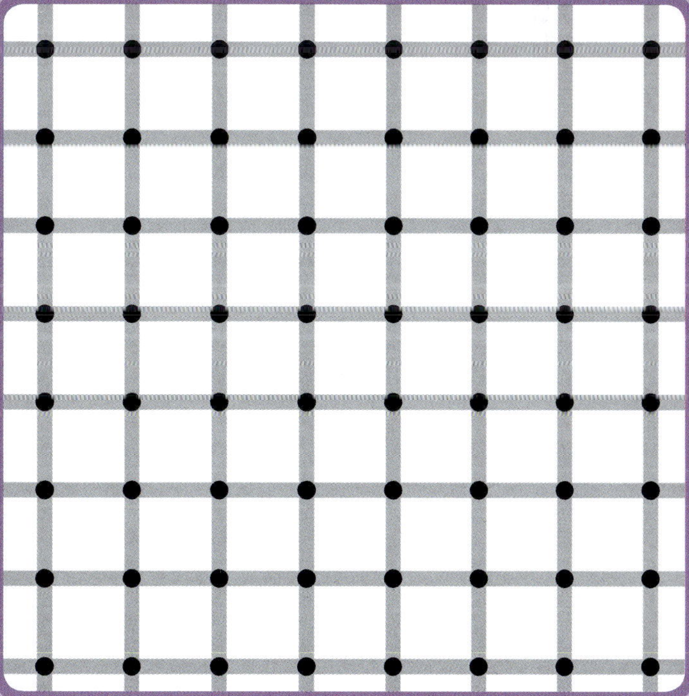

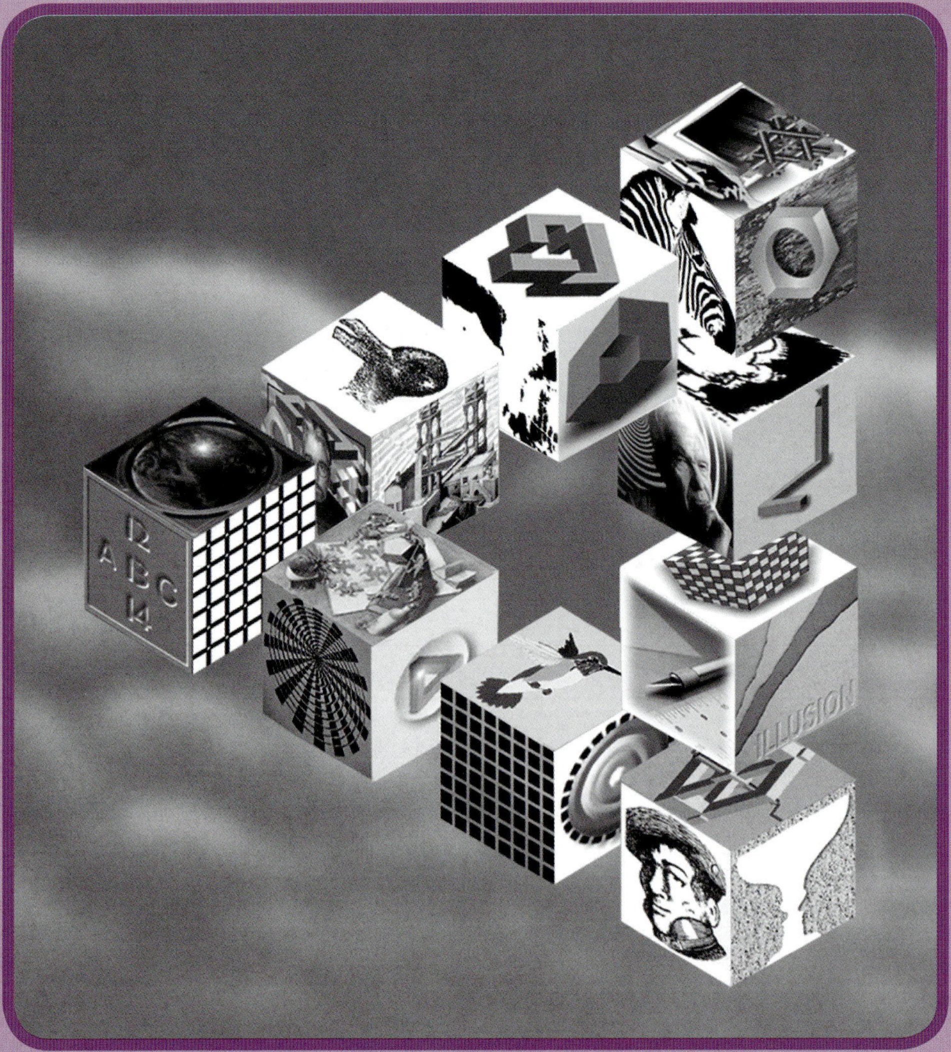


## 103 DREIECK IN DEN WOLKEN

Dies ist ein unmögliches Objekt, das mehrere Illusionen beinhaltet.

# UNMÖGLICHE OBJEKTE

Unmögliche Objekte heißen so, weil sie in unserer dreidimensionalen Welt so nicht vorkommen können. Unmögliche Objekte existieren nur in zweidimensionaler Form auf dem Papier. Es sind Illustrationen mit einer dreidimensionalen Wirkung, die echte dreidimensionale Objekte imitieren sollen. Diese unmöglichen Bildkompositionen veranlassen uns, ein zweites Mal hinzuschauen, bis wir dann merken, dass hier etwas nicht richtig ist. Irgendwie stimmt das Ganze nicht mit der Realität überein.

Wir haben einen ausgeprägten Sinn für Dreidimensionalität und ein entsprechendes Gespür dafür, was realistisch aussieht und was nicht. Vielleicht faszinieren uns gerade deshalb derartige unmögliche Objekte. Etwas zu sehen, das zunächst sehr wirklichkeitsnah wirkt, sich dann aber als Irritation und Täuschung unserer Sinne herausstellt, kann eine verblüffende Erfahrung sein.

Jede in diesem Kapitel vorgestellte Figur ist auf die eine oder andere Art unmöglich. Viele Teilaspekte dieser Objekte erscheinen völlig normal, doch irgendein Aspekt macht das Ganze dann doch unlogisch. Machen Sie sich bereit für die Erkundung des Unmöglichen.

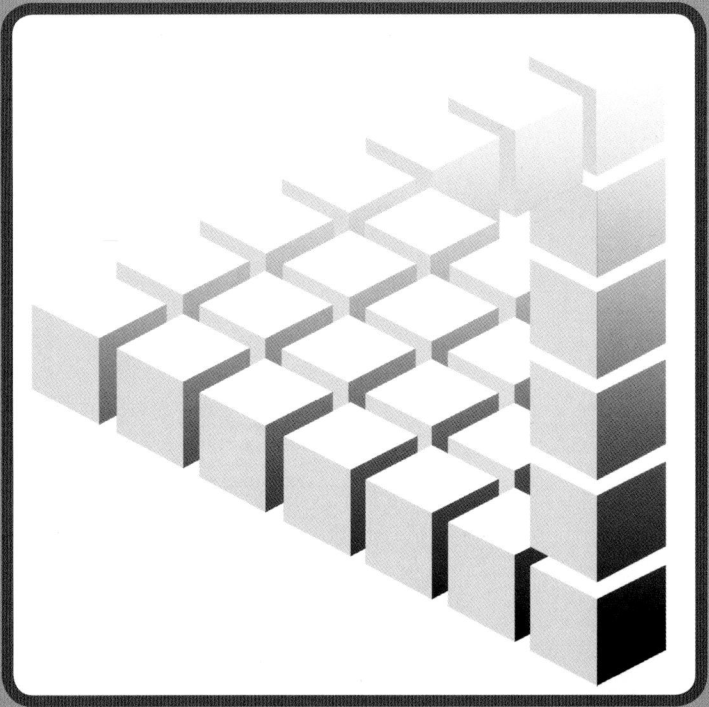

## 104 UNMÖGLICHES DREIECK 1

Das unmögliche Dreieck (Penrose-Dreieck), auch als Tribar bezeichnet, ist eine einfache und dabei höchst elegante unmögliche Figur. Als Erster schuf der Künstler Oscar Reutersvärd eine Tribar-Konstruktion. Später machte Roger Penrose (Mathematiker und Physiker) das Tribar bekannt und beschrieb es als „Unmöglichkeit in ihrer reinsten Form".

## 105 UNMÖGLICHES DREIECK 2

Diese Variante des unmöglichen Dreiecks besteht aus identischen Würfeln. Es hat zwei Kanten mit jeweils sieben Würfeln und eine Kante mit sechs Würfeln. Das ist einfach unmöglich!

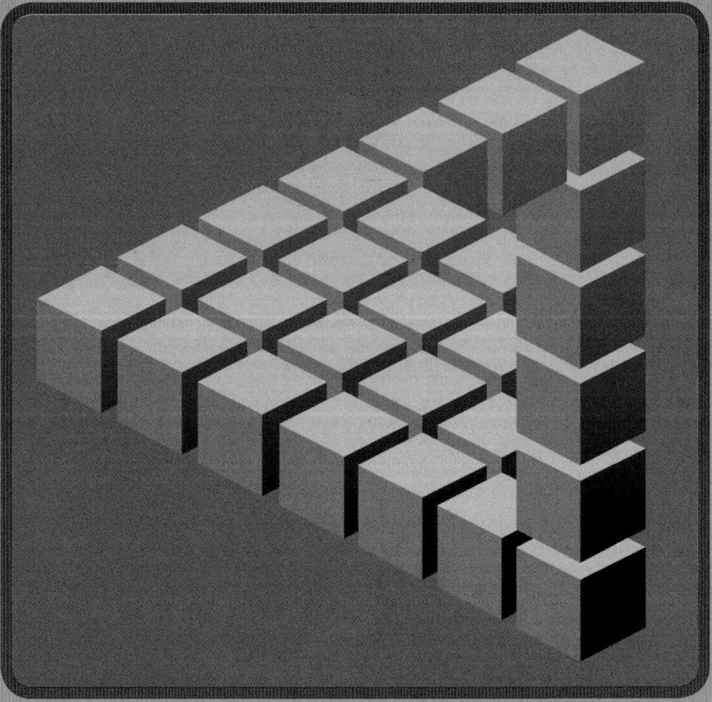

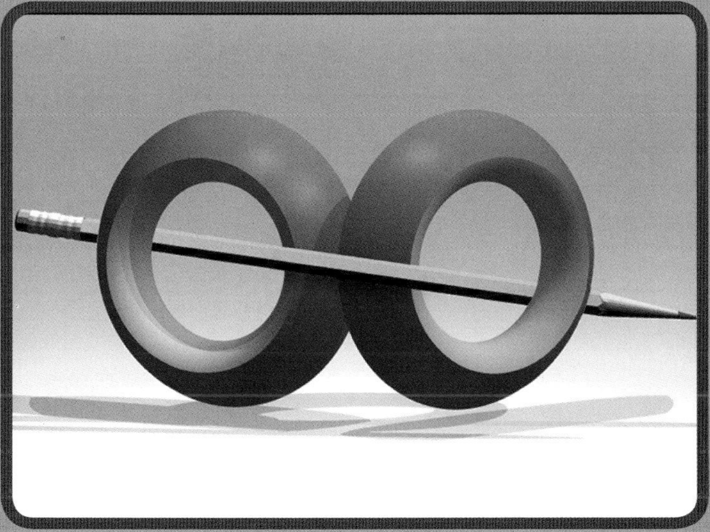

## 106 GEBOGENER BLEISTIFT

Selbst wenn der Bleistift aus Gummi wäre, könnte er nicht in dieser Weise gebogen sein.

## 107 TRÜGERISCHE RINGE

Drei robuste, feste Ringe lassen sich bestimmt in dieser Form verbinden. Allerdings könnten sie dann nie, wie hier abgebildet, flach daliegen.

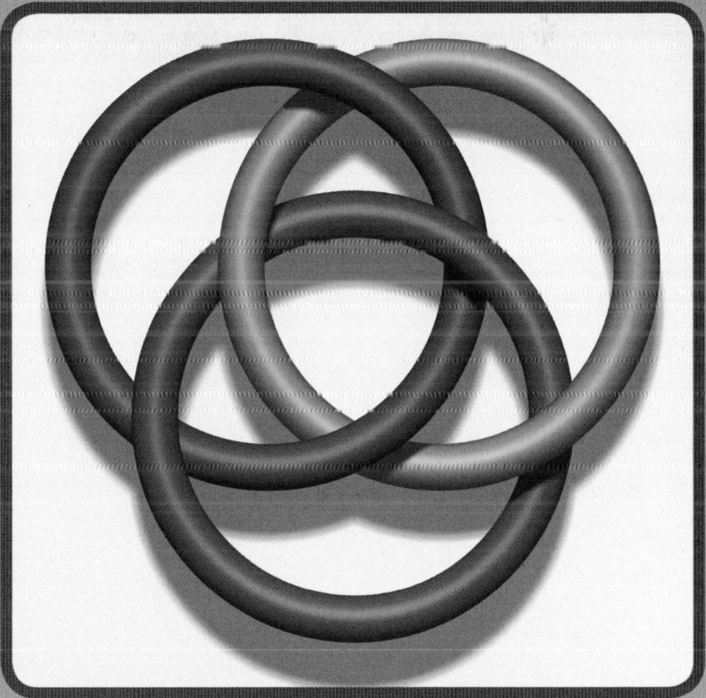

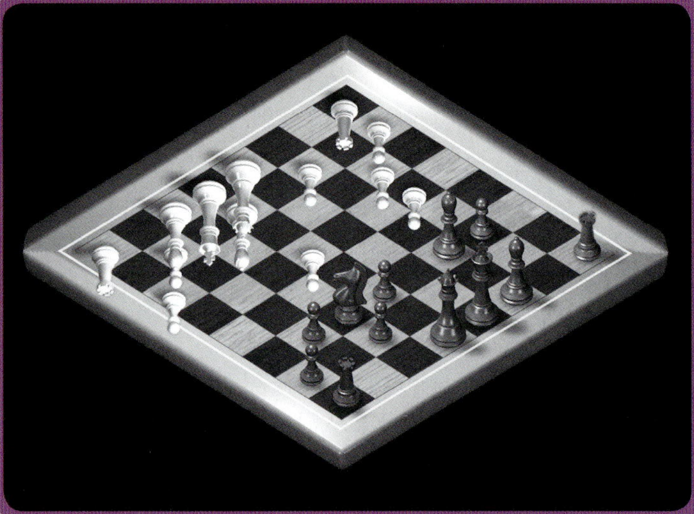

## 108 SURREALES SCHACHBRETT

Die beiden entgegengesetzten Ecken des Schachbretts scheinen nach vorne gerichtet, und die Figuren zeigen in gegensätzliche Richtungen. Diese Partie wird vermutlich unendlich lange dauern.

## 109 TAUCHPLATTFORM

Ein Badeort bietet diese neue Wassersportattraktion an. Doch die Gäste beschweren sich, denn die Stufen führen nirgendwohin, sondern immer zurück zur gleichen Ebene.

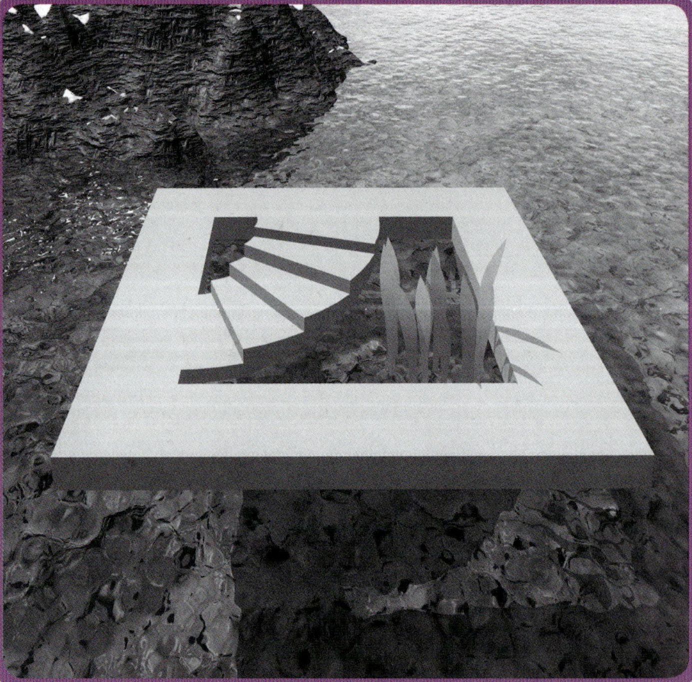

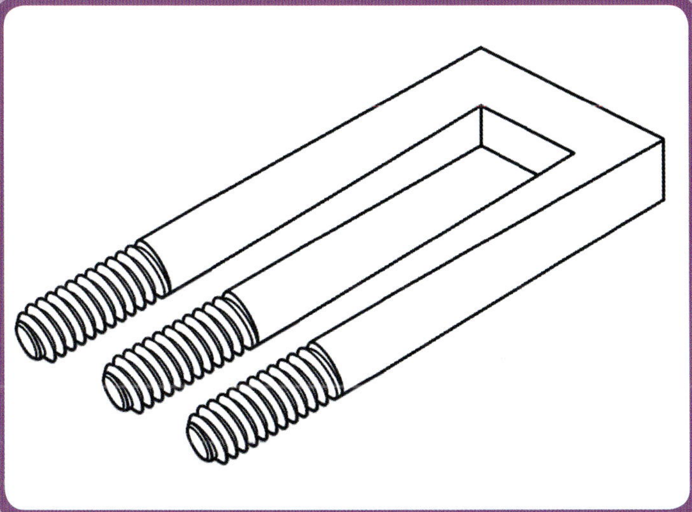

## 110 KLASSISCHE TEUFELSGABEL

Die klassische Teufelsgabel (Trident-Illusion) entspringt aus einem massiven Rechteck und endet in einer runden Gabelspitze mit Gewinde.

## 111 UNTERTEILTE GABEL

Dies ist eine Variante der Teufelsgabel (siehe oben).

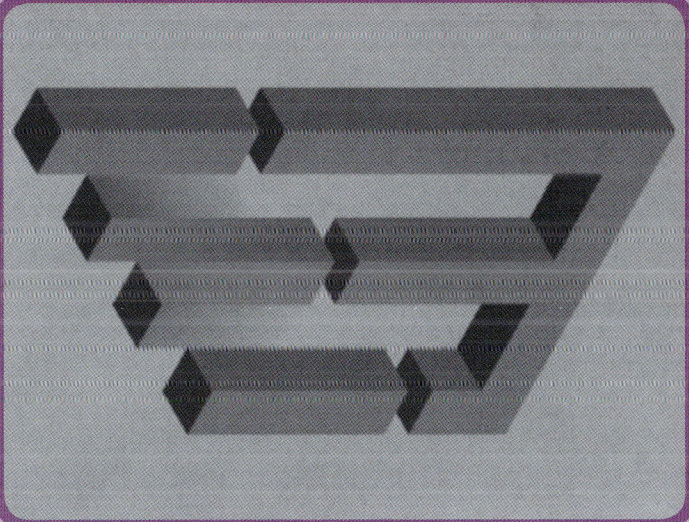

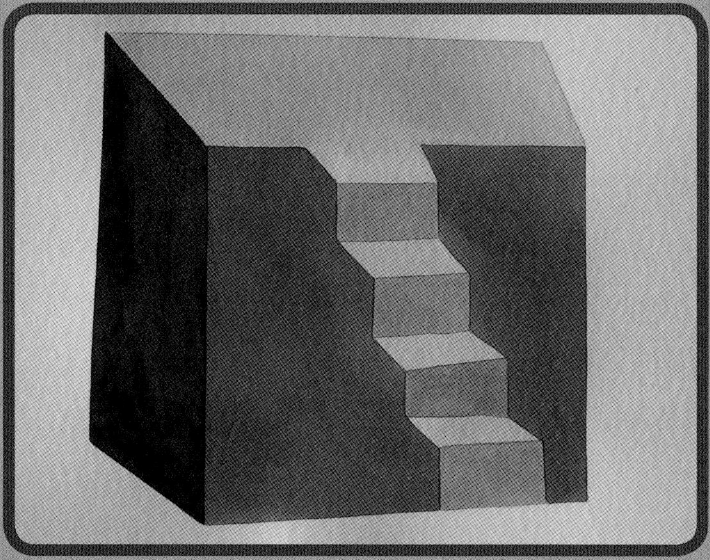

## 112 FAUX ESCALIER

Die *Faux Escalier*, die „falsche Treppe“, ist ein Beispiel für eine unmögliche Treppenkonstruktion.

## 113 VERZAHNUNG

Diese drei Zahnräder sind in dieser Anordnung nicht funktionsfähig. Die Stellen, an denen sie ineinandergreifen, sind miteinander verschränkt. Die Zahnräder haben gemeinsame Konturen und sind somit nicht realistisch. Und drehen können sie sich natürlich auch nicht.

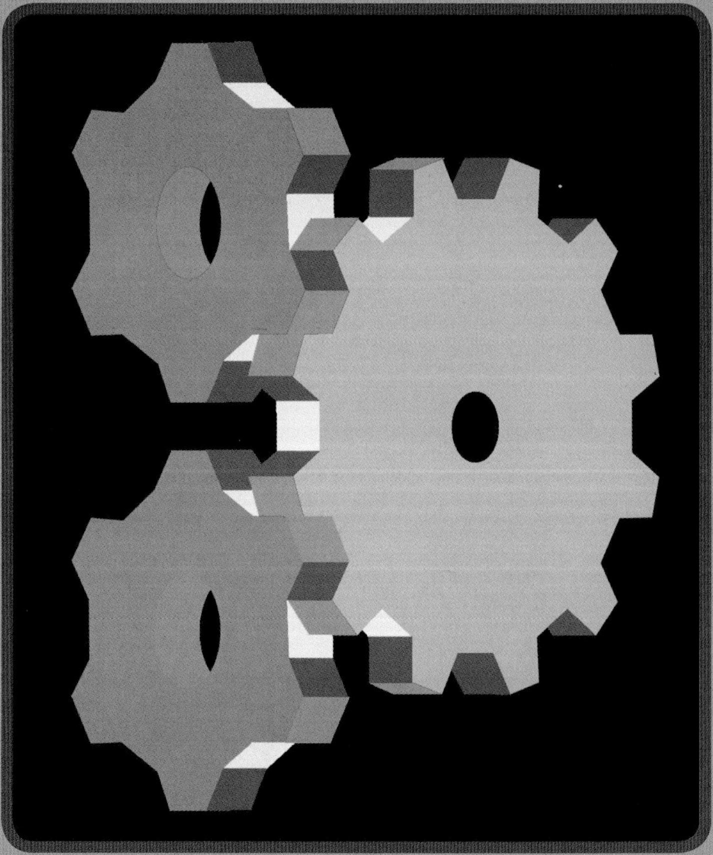

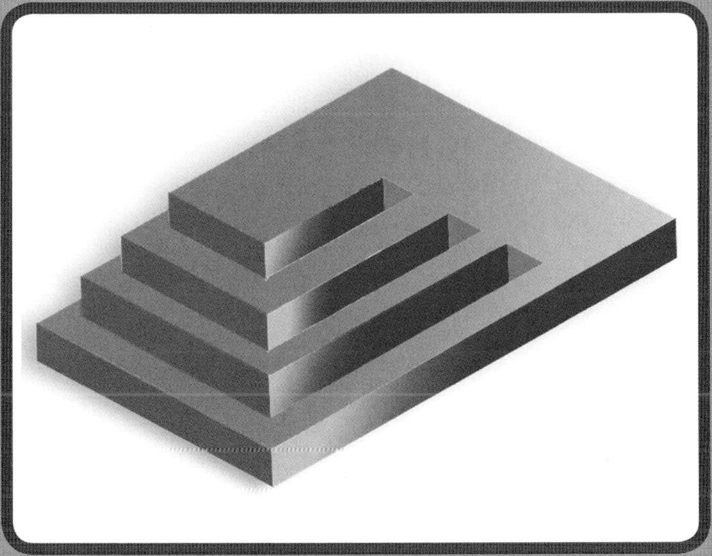

## 114 STUFEN MIT VERTIEFUNGEN

Diese Stufen sind auf der einen Seite ausgehöhlt, auf der anderen ganz normal. Das ist unmöglich!

## 115 UNMÖGLICHE VERSCHACHTELUNG

So wie hier abgebildet, können diese drei Blöcke niemals zusammenpassen. Wo liegt der Fehler?

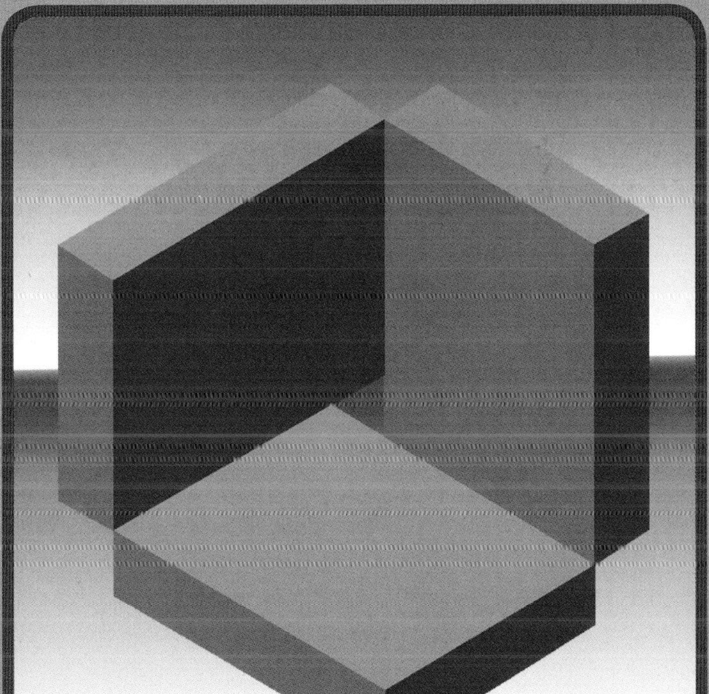

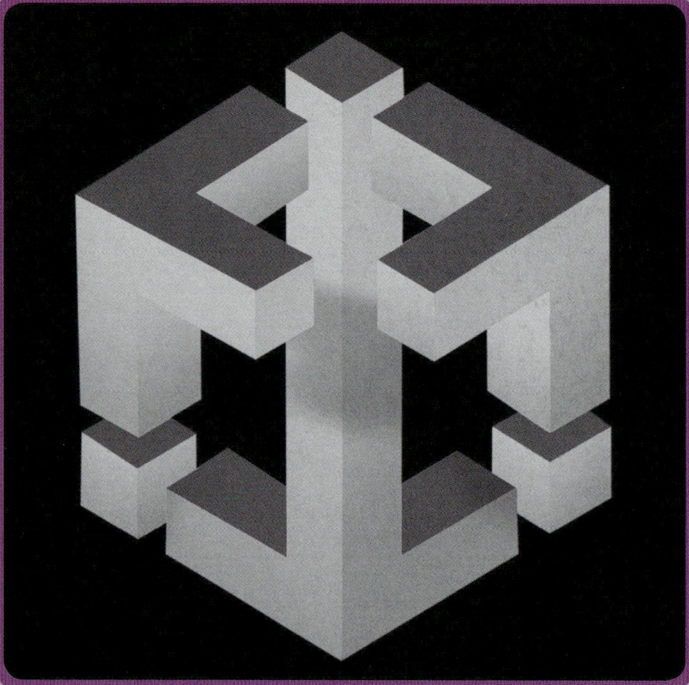

## 116 UNMÖGLICHES GEBILDE

Dieses unmögliche Gebilde sieht zunächst ganz in Ordnung aus, bis man auf den vertikalen Vierkantpfeiler vorne stößt.

## 117 HOMMAGE AN OSCAR

Dies ist eine Verbeugung vor Oscar Reutersvärd, der 1934 das erste unmögliche Dreieck entwarf.

Originalzeichnung: Oscar Reutersvärd, *Opus 1*, 1934

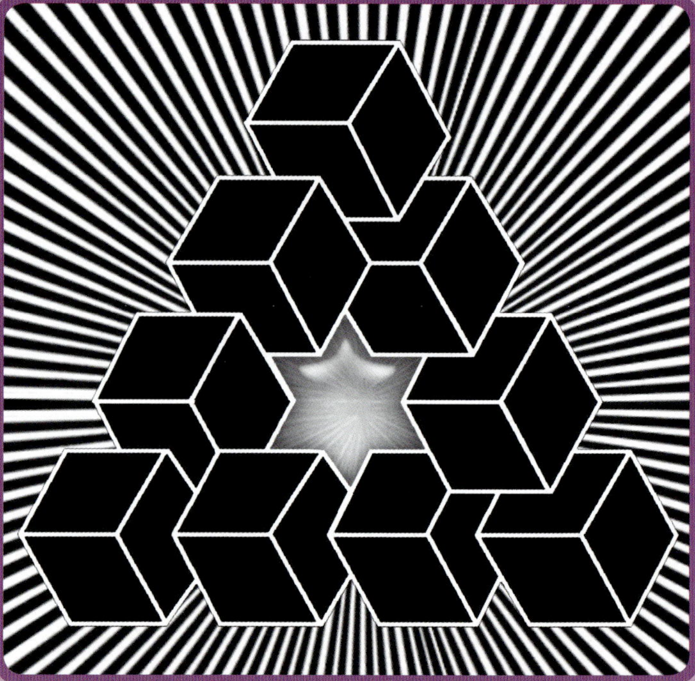

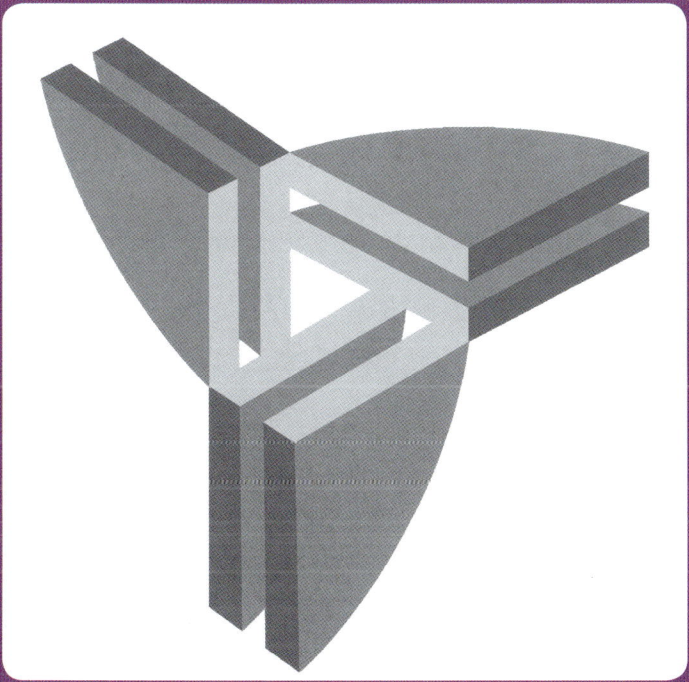

## 118 TRÜGERISCHE PIZZASTÜCKE

Diese Pizzastücke können nicht in der hier abgebildeten Form zusammenpassen. Warum nicht?

## 119 MÖBIUSBAND

Das Möbiusband ist nicht unmöglich, allerdings wirkt es ganz ähnlich wie ein unmögliches Objekt. Ein Möbiusband lässt sich aus einem langen Papierstreifen herstellen. Vor dem Zusammenkleben der beiden Enden verdreht man den Streifen in sich um 180 Grad. Wenn man an einer Oberfläche oder Kante dieses Möbiusbandes entlangfährt, gelangt man immer zum Ausgangspunkt zurück.

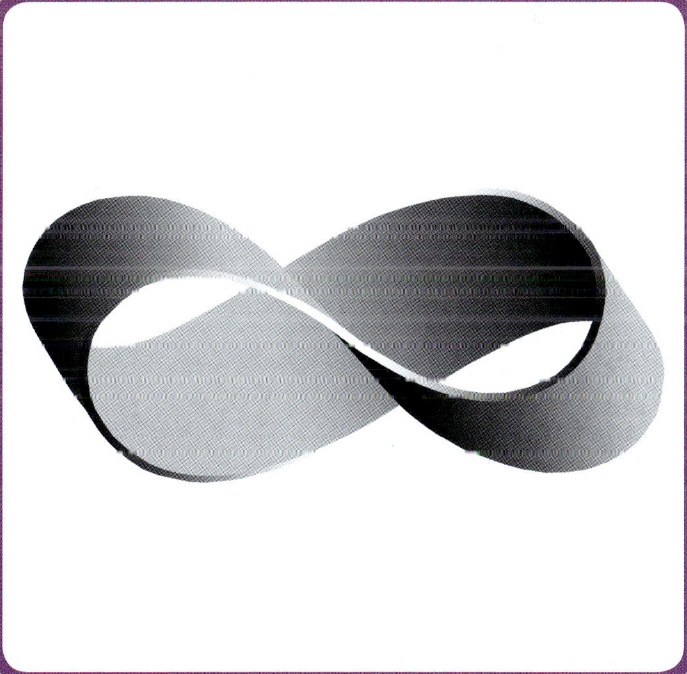

## 120 GEPARD UND STRICH-CODE-ETIKETT

Diese Zeichnung verwendet einen in der Industrie üblichen Strichcode als ungewöhnliche Methode der Tarnung.

# CAMOUFLAGE

Das Wort Camouflage leitet sich von dem französischen *camoufler* für „tarnen" oder „verbergen" ab. Im Ersten Weltkrieg beschrieb man mit dem Begriff Camouflage alle Methoden zur optischen Tarnung mittels Tarnfarben, spezieller Kleidung, Tarnnetzen, ausgefallener Muster und natürlicher Geländegegebenheiten. Auch die Natur setzt auf Tarnung als Überlebensstrategie.

Ein wirkungsvolles Tarnmuster löst die sichtbaren Konturen eines Objekts auf und verwirrt auf diese Weise potenzielle Jäger, denn Objekt und Hintergrund lassen sich nun kaum noch unterscheiden. In einer überwiegend grünen Umgebung ist es hilfreich, selbst ebenfalls von grüner Farbe zu sein. Wer von einem hungrigen Raubtier nicht entdeckt wird, wird auch nicht gefressen. Die grünen Nachkommen werden genau deshalb überleben, weil sie die grüne Färbung geerbt haben. Die Natur belohnt eine solchermaßen angepasste Tarnung.

Tarnung ist in der Natur kein Ergebnis einer bewussten Wahl: Kein Käfer beschließt, wie ein Blatt oder ein Zweig auszusehen. Sie ist eine Folge der natürlichen Selektion im Verlauf vieler Millionen Jahre. Bei der künstlichen Selektion greift der Mensch gezielt ein und züchtet Pflanzen und Tiere mit von ihm gewünschten Eigenschaften.

In diesem Kapitel sind einige besonders schöne – natürliche und von Menschen geschaffene – Beispiele von Tarnung zusammengestellt. Können Sie die gut versteckte Beute erspähen? Auf geht's in die verwirrende Welt der Camouflage.

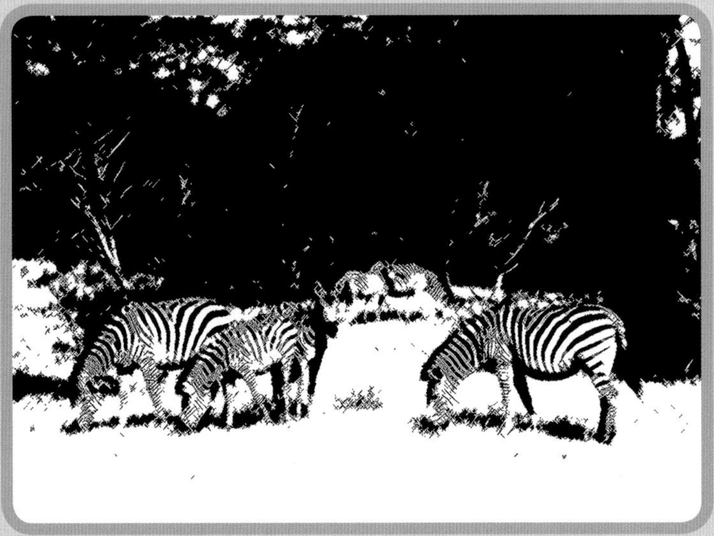

## 121 ZEBRAS

Dieses Foto wurde so bearbeitet, dass unwichtige Details verschwanden und eine reine Schwarz-Weiß-Darstellung übrig blieb. Können Sie alle sechs Zebras darauf erkennen? Die Abbildung entspricht in etwa dem Bildeindruck, den ein hungriger Löwe hätte. Vielleicht wartet man ja besser, bis sich etwas bewegt.

## 122 TARNMUSTER

Was verbirgt sich hinter diesem Tarnmuster?

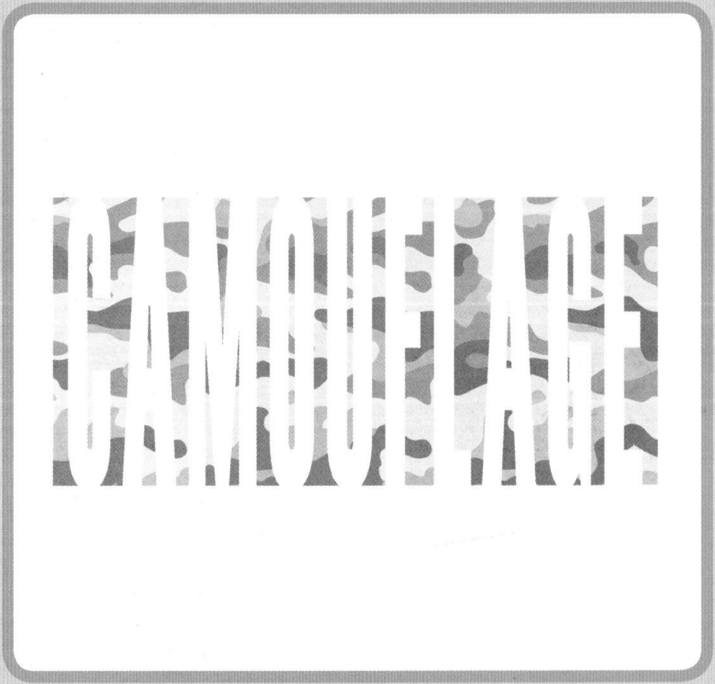

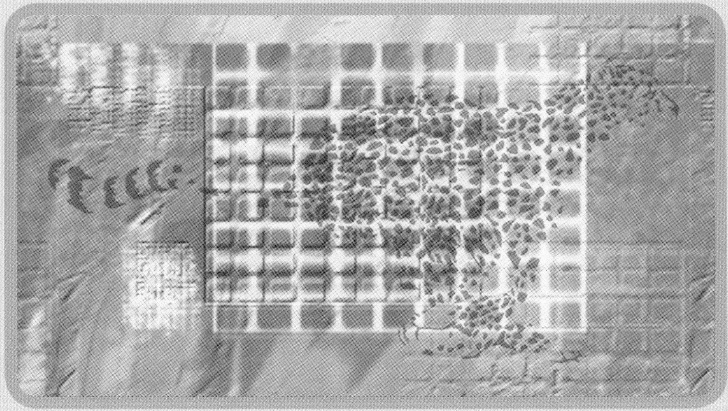

## 123 GEPARD BEIM SPURT

Hinter diesem grafischen Muster verbirgt sich ein pfeilschneller Jäger. Können Sie den Gepard entdecken?

## 124 FUCHSJAGD

Manchmal besteht die beste Tarnung darin, einfach still zu sein und so zu tun, als gehöre man dazu. Wo verbirgt sich die Beute?

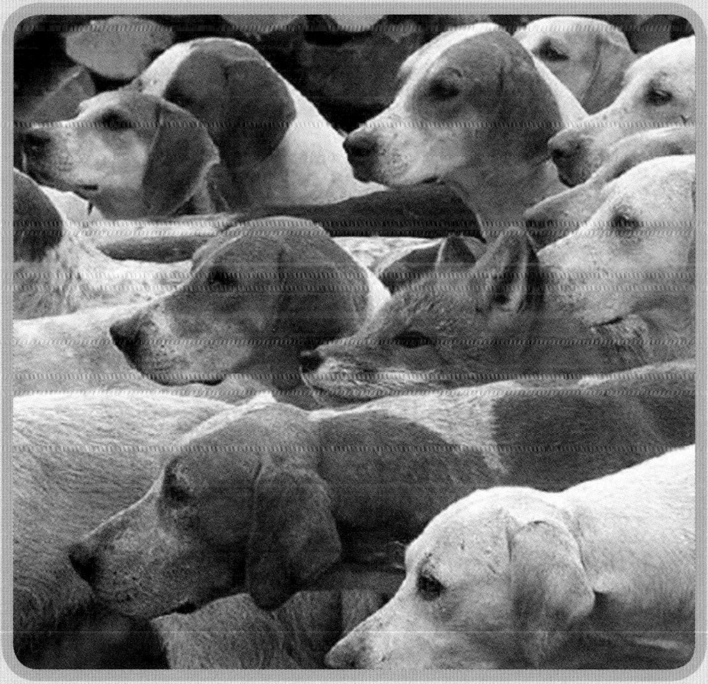

## 125 HEUSCHRECKE

Die Heuschrecke wird zum Blatt.
Eine perfekte Strategie zur Tarnung.

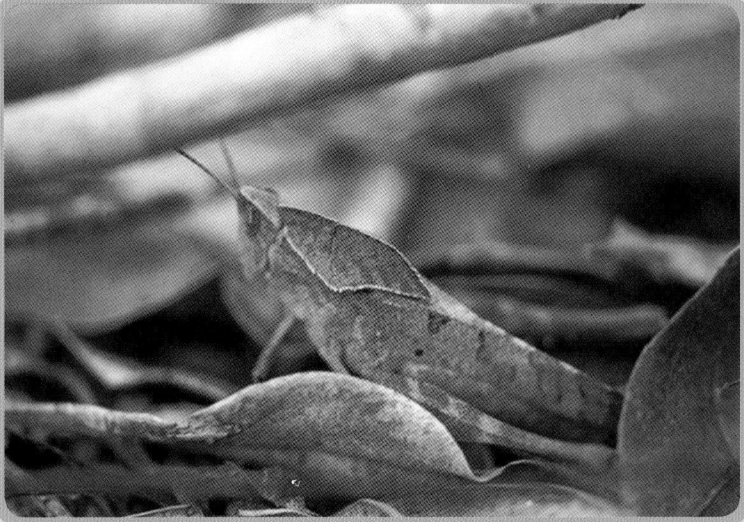

## 126 BLATTFÖRMIGER FALTER

Dieser blattförmige Falter ist bestens an seine Umgebung angepasst.

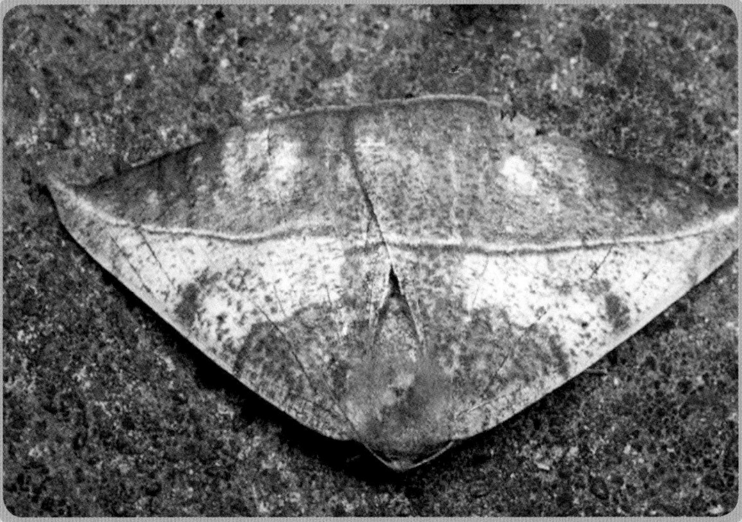

## 127 PERFEKTES MIMIKRY

Der kleine Zweig oben an dem Ast ist eine perfekt getarnte Spinne.

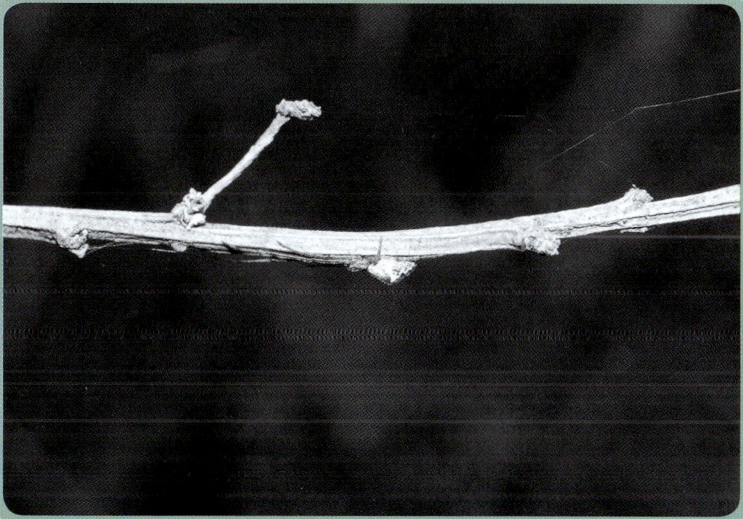

## 128 GETARNTER FROSCH

Dieser Frosch hat eine für sein Habitat perfekte Tarnung entwickelt. Können Sie ihn entdecken?

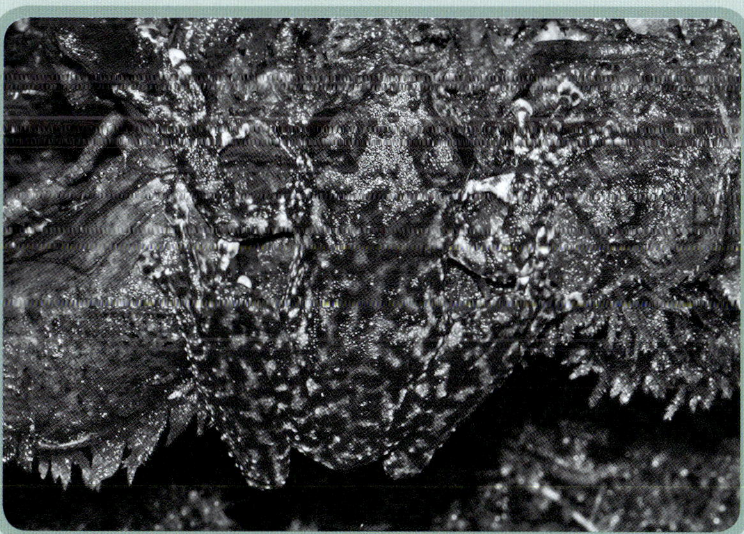

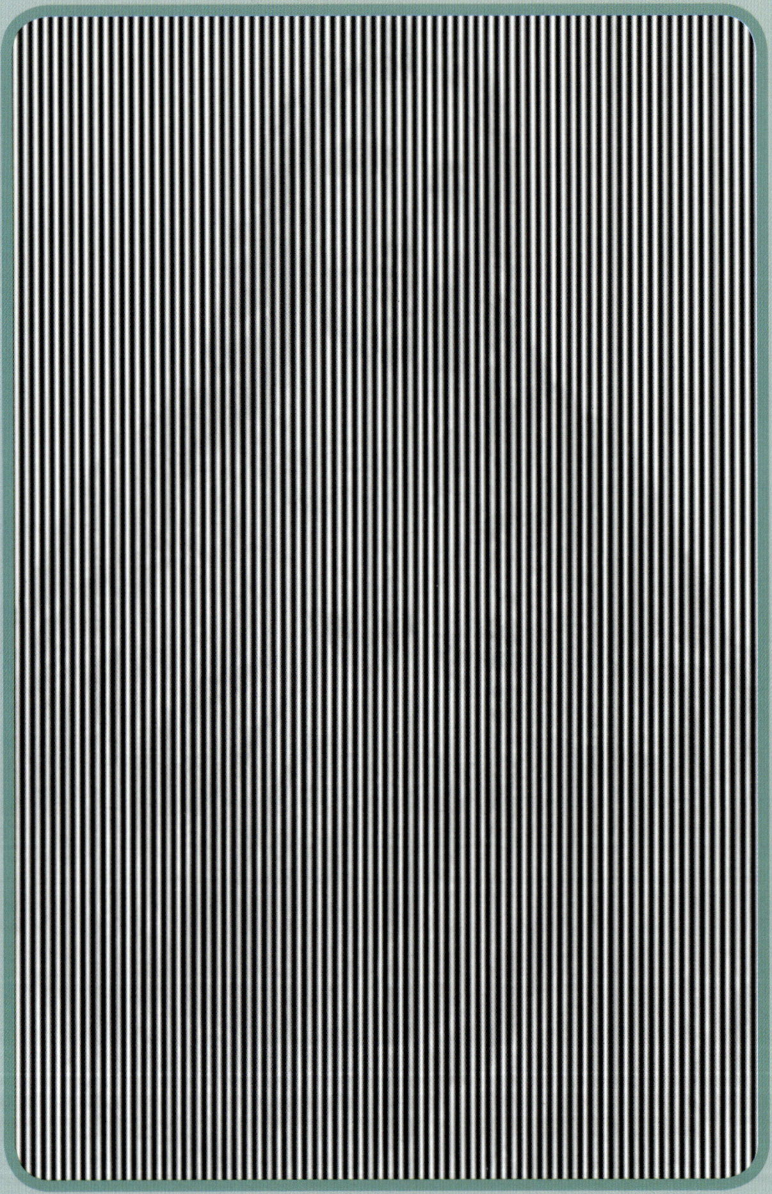

## 129 JESUS CHRISTUS

Um dieses Bild von Jesus erkennen zu können, muss man es leicht kippen oder vor und zurück bewegen.

# DIVERSE ILLUSIONEN I

## ANAMORPHOTISCHE TÄUSCHUNGEN

Anamorphose bedeutet die „Umformung" von Bildern. Diese so entstandenen „Trugbilder" offenbaren bei Betrachtung unter dem entsprechenden Blickwinkel eine ganz andere Aussage. Anamorphotische Illusionen enthalten oft versteckte Botschaften oder andere verborgene Aspekte. Um ein solches anamorphotisches Rätsel zu lösen, muss man die Abbildung kippen oder drehen – manchmal auch beides. Einige dieser Bilder erschließen sich sogar nur mithilfe eines verspiegelten Zylinders.

Leonardo da Vinci war auch ein genialer Konstrukteur von Waffen. Seine entsprechenden Aufzeichnungen sind in einer scheinbar unsinnigen Schrift verfasst. Später entdeckte man, dass Leonardo dafür das Prinzip der anamorphotischen Illusion nutzte. Der Text ließ sich nur mithilfe eines Spiegels entziffern. Der große Künstler und Erfinder muss sich schon vor über 400 Jahren Gedanken über Industriespionage gemacht haben.

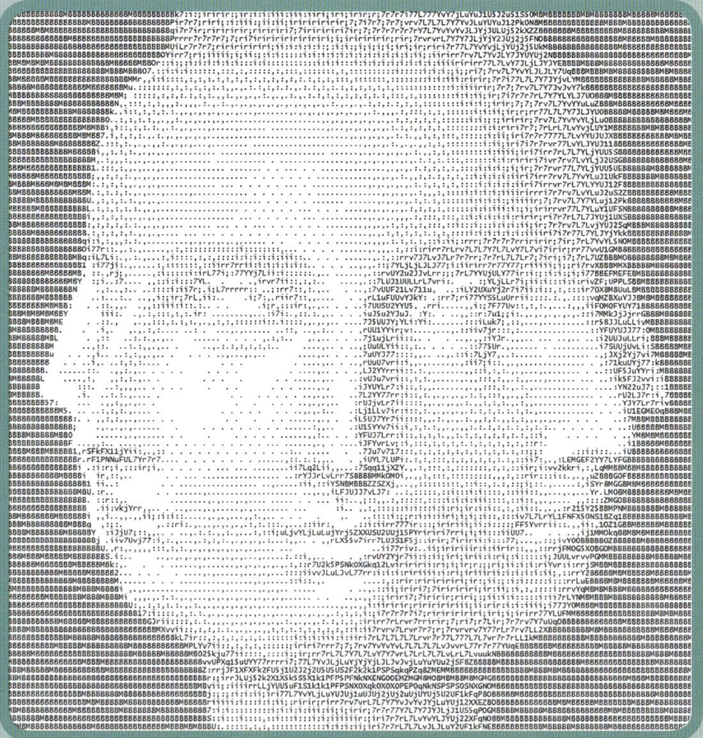

## 130 VIELE GESICHTER

Ein einfaches, aber faszinierendes anamorphotisches Rätsel: Egal wie man die Abbildung anschaut, sie zeigt einem immer ein anderes Gesicht. Das Bild ist auch deshalb etwas Besonderes, weil es nur aus Großbuchstaben besteht. Die anamorphotische Wirkung lässt sich am besten aus einem gewissen Abstand beobachten.

## 131 LAURAS TRÜGERISCHE AUGEN

Dies ist ein Beispiel der relativ neuen sogenannten ASCII Art. Der Name leitet sich von der Abkürzung ASCII für American Standard Code for Information Interchange ab, einem speziellen Zeichensatz für Computertexte. Das Bild besteht nur aus Großbuchstaben. Um die anamorphotische Illusion zu sehen, muss man es aus etwas Abstand betrachten. Auf dem dann deutlich sichtbaren Bild scheinen Lauras Augen gleichzeitig offen und geschlossen zu sein.

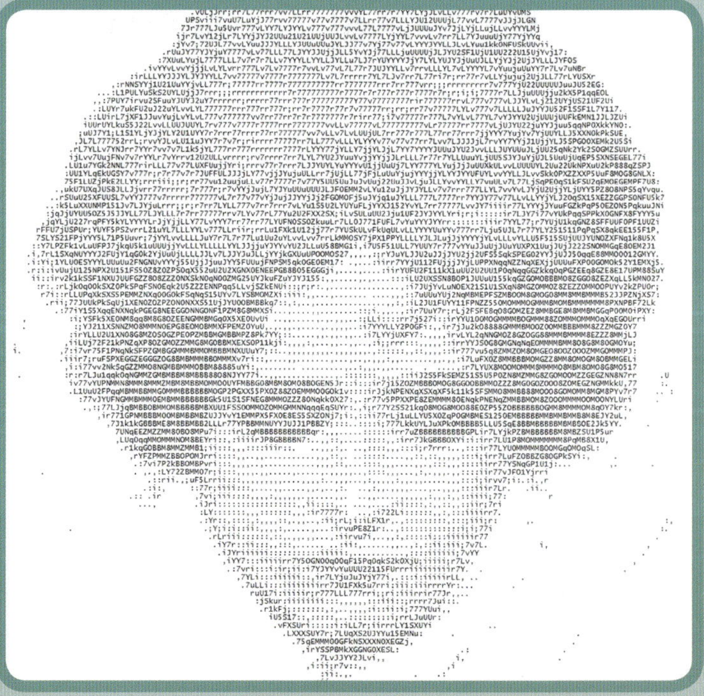

## 132 WO IST DER BRÄUTIGAM?

Der Untertitel zu dieser alten Illustration lautet: „Finde den Bräutigam." Leider fehlt die Auflösung, wenn es überhaupt eine gab. Wir konnten den Bräutigam jedenfalls nicht entdecken. Gibt es ihn überhaupt? Vielleicht gelingt Ihnen die Lösung? Viel Glück!

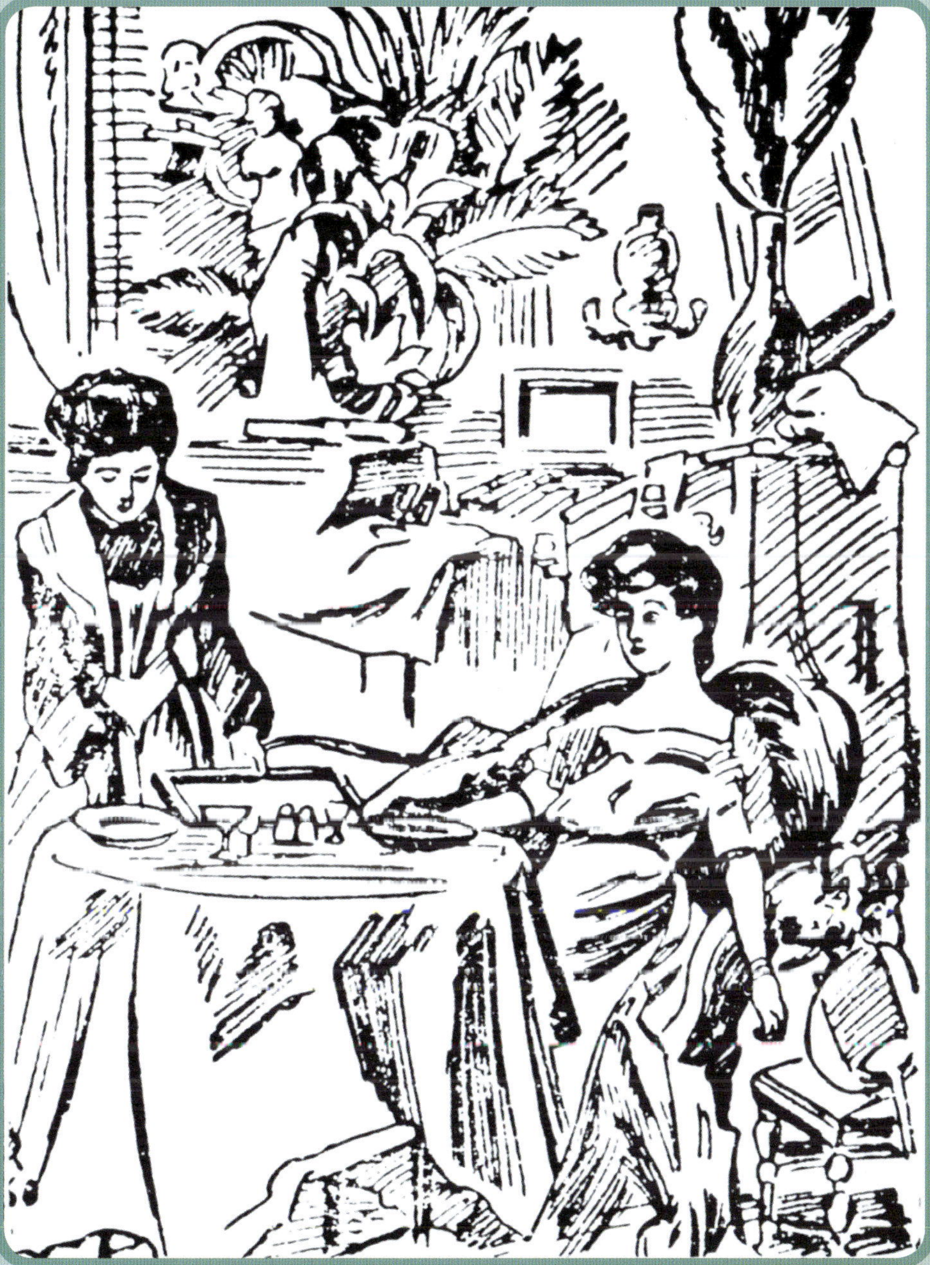

## 133 KORSETTWERBUNG

Diese optische Spielerei findet sich auf einer Werbekarte eines Textilhauses aus viktorianischer Zeit. Um den Illusionseffekt zu erzeugen, muss man die senkrechte Linie in der Mitte fixieren und das Bild näher an die Augen heranführen. Die beiden Bildhälften verschmelzen, und das Model trägt plötzlich das Korsett.

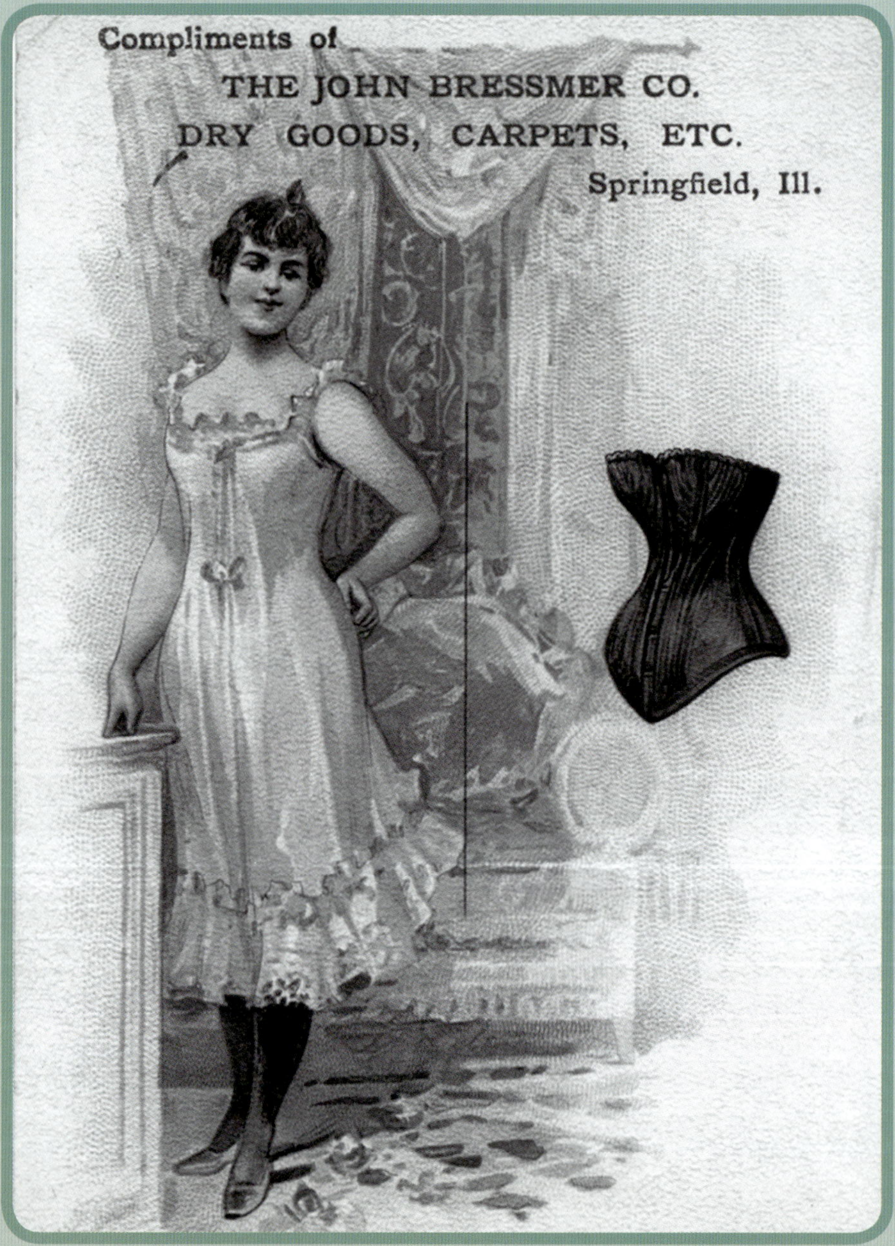

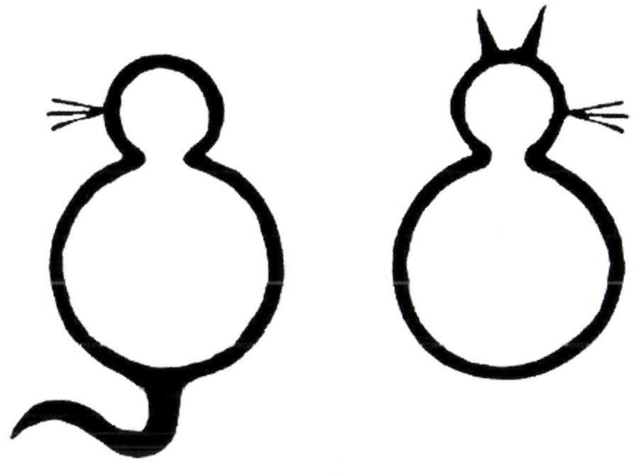

## 134 STEREOSKOPISCHE KATZE

Blicken Sie zunächst starr auf die Bildmitte, stellen Sie dann die Augen um auf „Kreuzblick" (schielen), um die beiden Teilbilder zum Verschmelzen zu bringen.

## 135 VERBORGENES GESICHT

Finden Sie das in diesem Bild versteckte Gesicht.

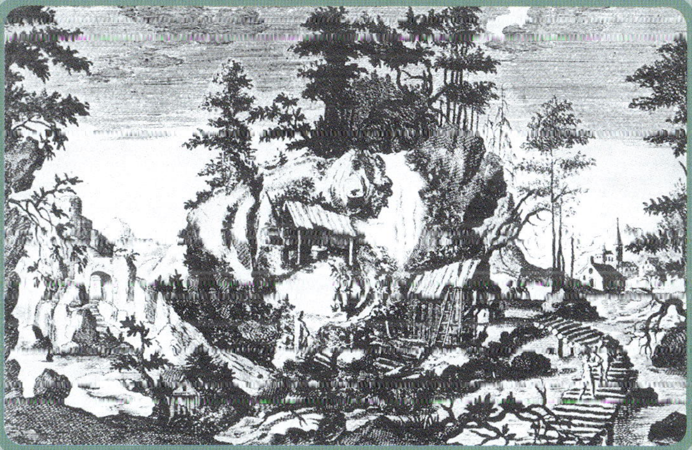

Lösung: Drehen Sie das Bild um 90 Grad gegen den Uhrzeigersinn. Das Gesicht befindet sich im Zentrum des Bilds.

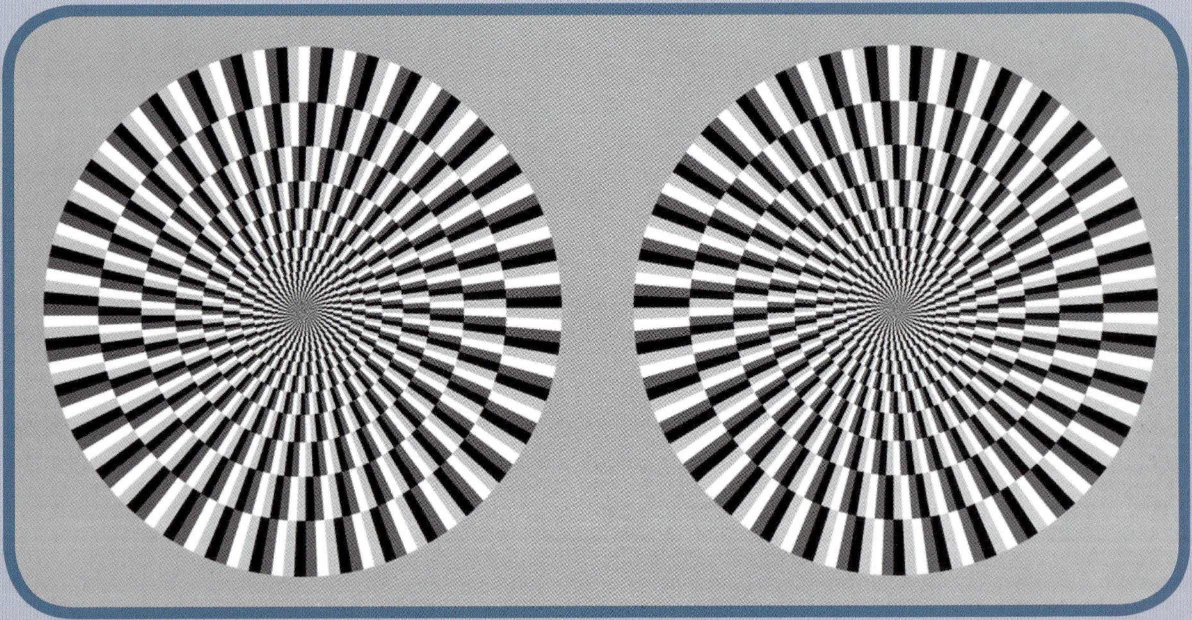

## 136 SPINNRÄDER

Wenn man mit den Augen über diese Figuren wandert, entsteht der Eindruck einer doppelten Bewegung.

Nach einem Original von Akiyoshi Kitaoka

# DIVERSE ILLUSIONEN II

## BEWEGUNGSILLUSIONEN

Manchmal scheinen sich zweidimensional abgebildete Objekte zu bewegen, obwohl sie statisch sind. Diese Bewegungsillusion resultiert aus der Überbetonung von Kontrasten und der Wirkung von Nachbildern, die noch für kurze Zeit auf der Netzhaut „nachleuchten".

In einigen Fällen entsteht die Bewegung in Echtzeit und taucht nur auf, wenn man die Augen über die Illustration wandern lässt. Fixieren wir den Blick auf einen Punkt, schalten die Rezeptoren des Auges um, und das Bild erscheint statisch. Andere Varianten erfordern mehr Körpereinsatz, man muss sich beim Betrachten vor- und zurückbewegen.

Wir wissen natürlich, dass – abgesehen von Filmdarstellungen – alle zweidimensionalen Bilder statisch sind, doch diese Bewegungsillusionen sind wirklich erstaunlich. Und hier präsentieren wir Ihnen einige dieser faszinierenden optischen Täuschungen.

## 137 RIESENWELLE

Dieses Bild vermittelt einen Kräuseleffekt. Bewegen Sie Ihre Augen! Haben Sie bemerkt, dass die kleinen Quadrate schwarze und weiße Kanten haben? Diese bewirken den Effekt. Die Richtung der Bewegung hängt davon ab, welche Seite weiß oder schwarz ist.

Nach einem Original von Akiyoshi Kitaoka

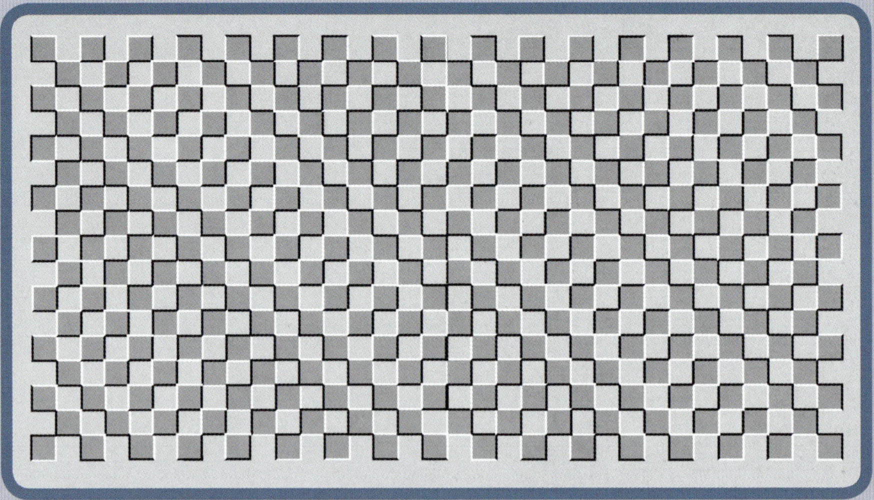

## 138 BEWEGTE BLÄTTER

Irgendetwas tut sich unter diesem Haufen blattförmiger Objekte. Bewegt man die Augen, scheint sich das ganze Bild zu bewegen.

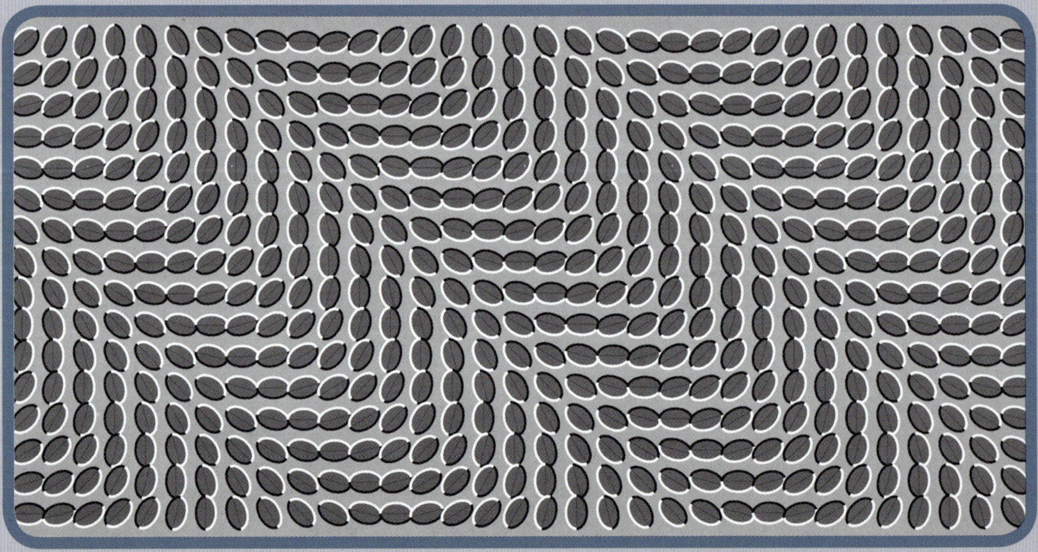

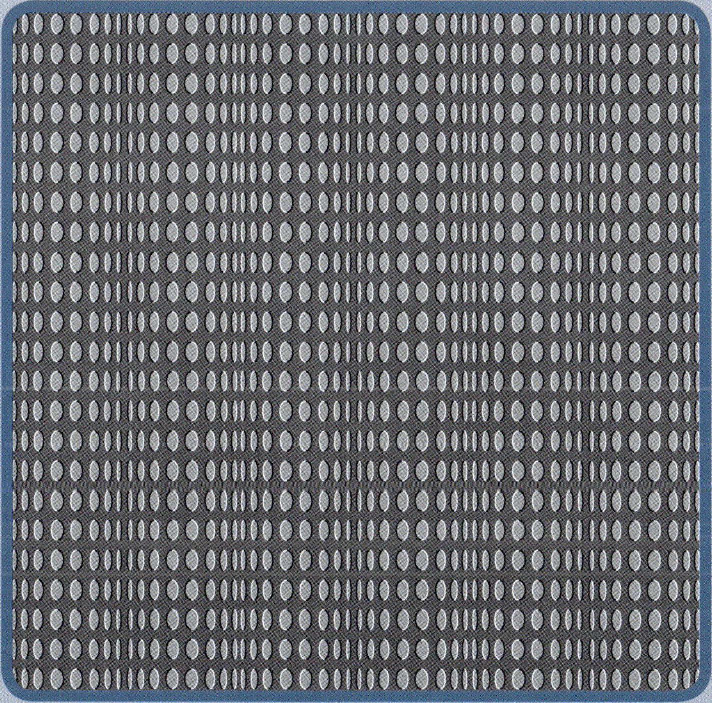

## 139 VORHANG

Bei dieser Variante zeigt der Vorhang eine Wellenbewegung. Was meinen Sie, zeigen die weißen Kanten der ovalen Elemente in die Richtung der Bewegung?

Nach einem Original von Akiyoshi Kitaoka

## 140 SCHACHBRETT AUS METALL

Dieses Hightech-Objekt scheint sich bei der Betrachtung aufzuwölben.

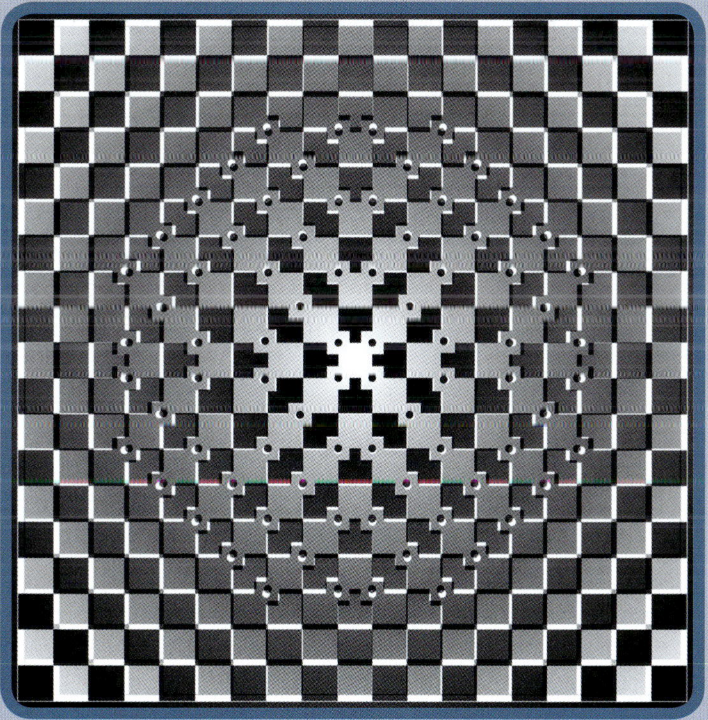

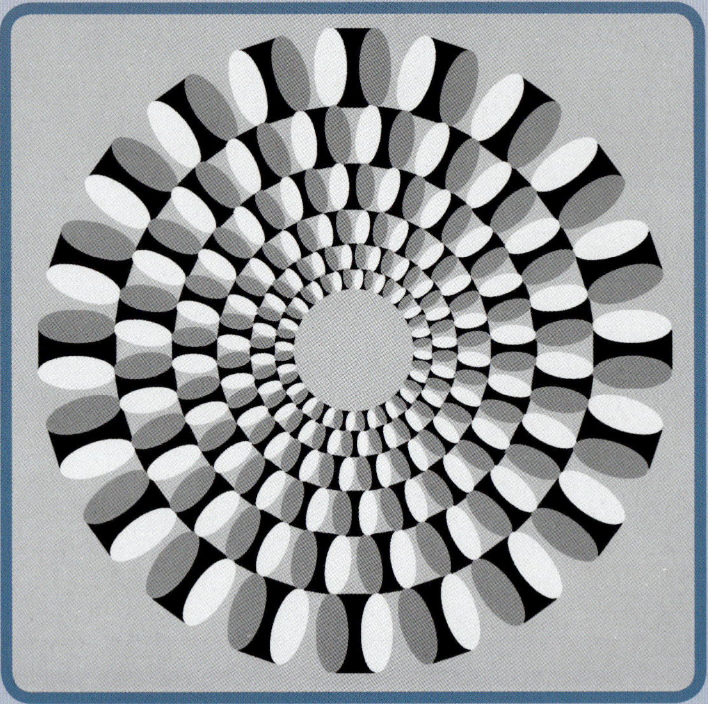

## 141 ROTIERENDE KREISE

Bewegen Sie Ihre Augen, um den Rotationseffekt in dieser kontrastreichen Abbildung zu erleben.

Nach einem Original von Akiyoshi Kitaoka

## 142 LAUFENDER RASENMÄHER

Dies ist ein weiterer interessanter Rotationseffekt.

Nach einem Original von Akiyoshi Kitaoka

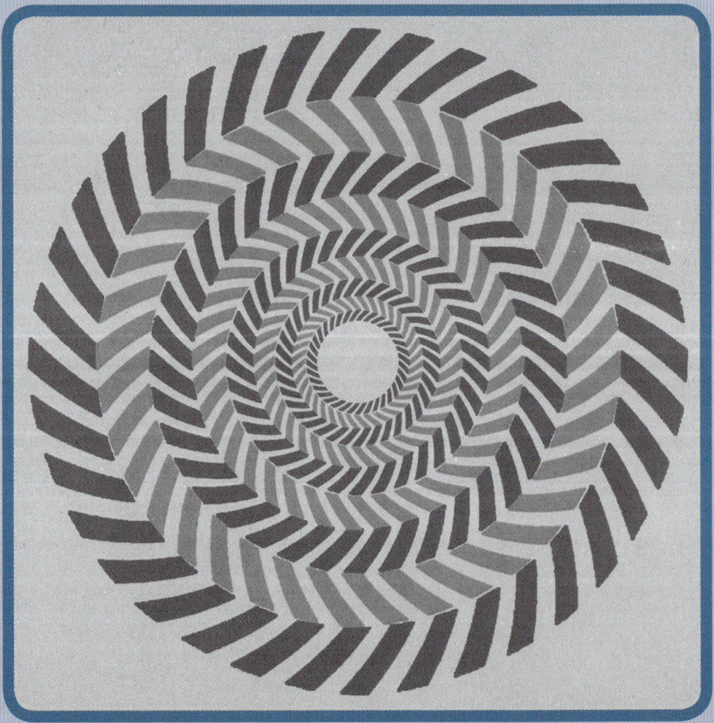

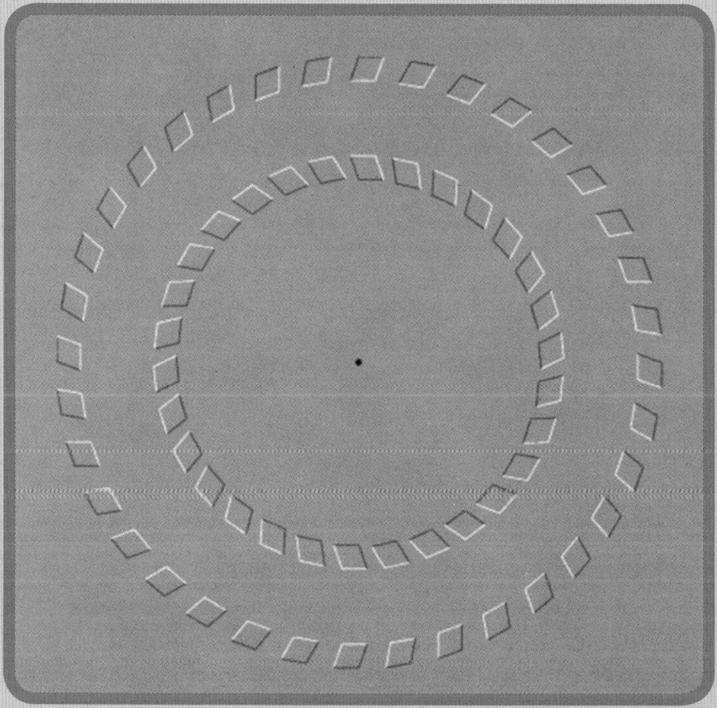

## 143 ROTIERENDE RHOMBOIDE 1

Um die Rotation zu sehen, hält man das Bild mit beiden Händen in Armlänge hoch und führt es dann beim Betrachten näher an die Augen heran. Durch eine leichte Rückwärtsbewegung setzt sich die Bewegungsillusion fort.

Abbildung von Arthur Azevedo

## 144 ROTIERENDE RHOMBOIDE 2

Um die Rotation zu sehen, hält man das Bild mit beiden Händen in Armlänge hoch und führt es dann beim Betrachten näher an die Augen heran. Durch eine leichte Rückwärtsbewegung setzt sich die Bewegungsillusion fort.

Abbildung von Arthur Azevedo

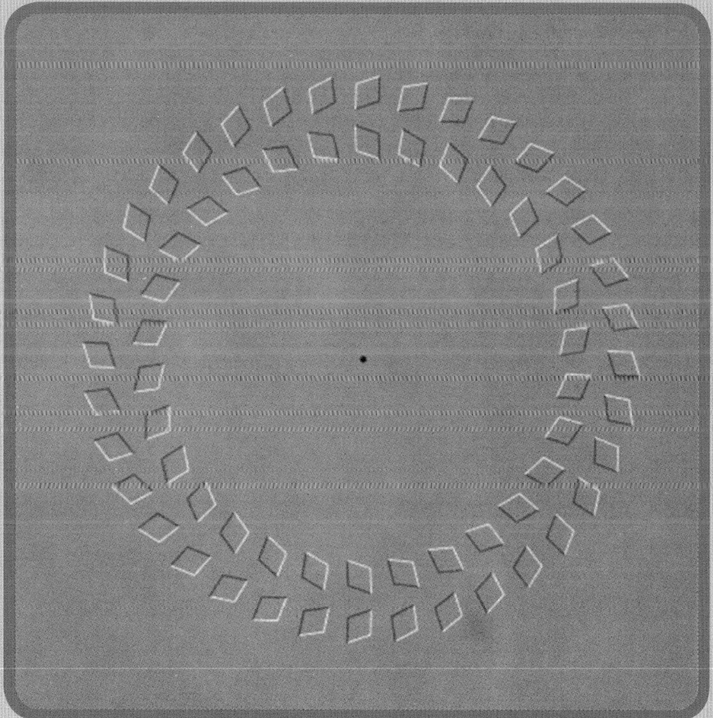

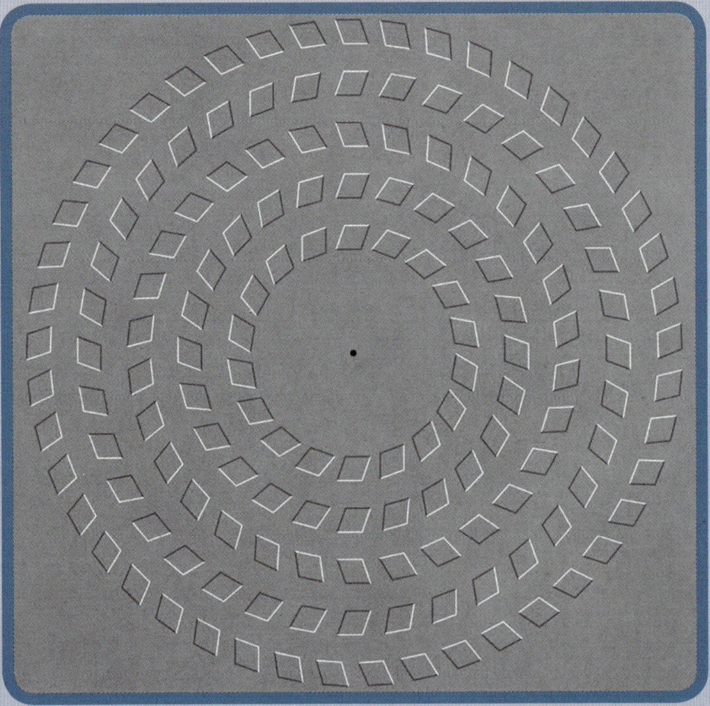

## 145 ROTIERENDE RHOMBOIDE 3

Um die Rotation zu sehen, hält man das Bild mit beiden Händen in Armlänge hoch und führt es dann beim Betrachten näher an die Augen heran. Durch eine leichte Rückwärtsbewegung setzt sich die Bewegungsillusion fort.

Abbildung von Arthur Azevedo

## 146 ROTIERENDE RHOMBOIDE 4

Um die Rotation zu sehen, hält man das Bild mit beiden Händen in Armlänge hoch und führt es dann beim Betrachten näher an die Augen heran. Durch eine leichte Rückwärtsbewegung setzt sich die Bewegungsillusion fort.

Abbildung von Arthur Azevedo

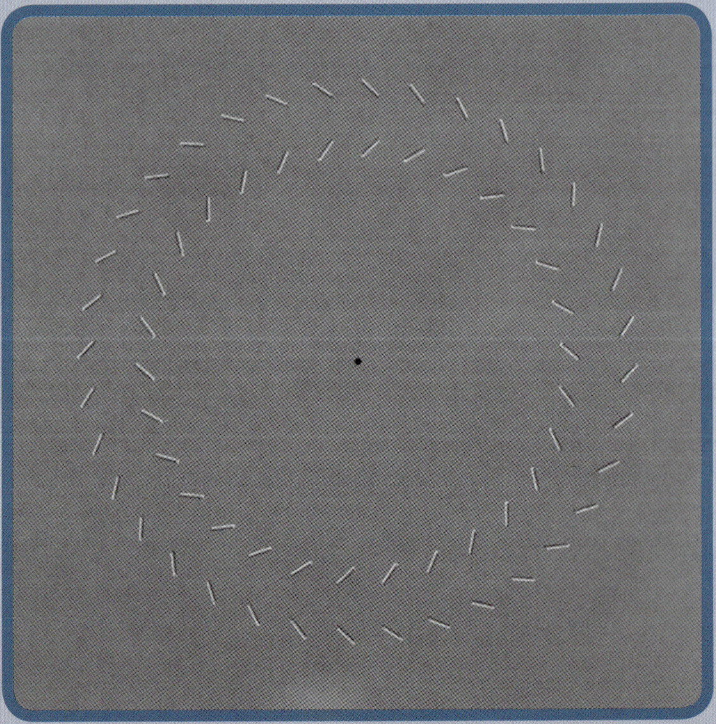